自宅が一流ホテルに大変身！

素敵な家の片づけ方大公開

ラク家事プロデューサー
辻 博文　辻 友美子

栄光出版社

目次

第2章　片づけの具体的な進め方　31

第3章　整理から整頓へ　67

第6章　ムダな時間を短縮して時間を浮かせる　121

第7章　最後に片づけの効果　171

自宅が一流ホテルに大変身！

素敵な家の片づけ方大公開

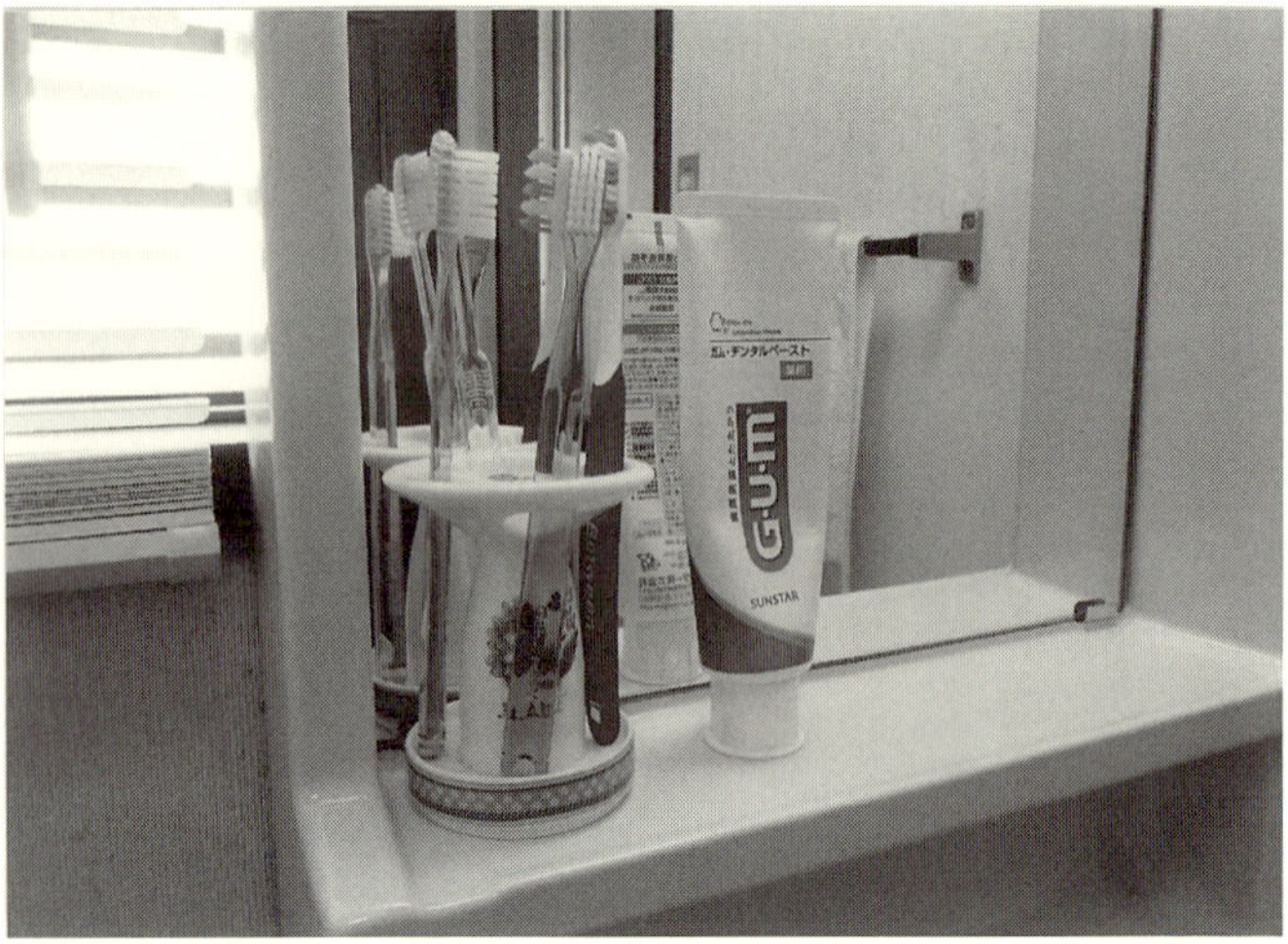

我が家の歯ブラシはなぜ、散らからないのでしょうか？
答えは文中にあります。

はじめに

はじめまして。このたび、夫婦でこの本を出版させて頂くことになりました辻　博文と妻の友美子でございます。私の専門は、ものづくりの改善の仕事です。妻は普通の家庭の主婦ですが、テニスを趣味としており毎日がテニス中心の日々を送っています。

さて、この本を手に取ってくださった皆さんは、どのような暮らし方をされているのでしょうか。毎日が家族の世話で大変な方、子供が大きくなってご夫婦二人の方、これから新築を考えている方、リフォームを考えている方などさまざまでしょうが、どなたもきっと今直ぐにでも家の中をきれいにしたいと思われているのではないでしょうか。

しかし、きれいにしたいと思ってはいるけれど、片づけ方が分からない、片づけをなかなかスタートできない、子供がいるから散らかっても仕方がないなど、あきらめている方もいらっしゃると思います。この本は、そんな皆さんがこれから片づけをスタートするのに打ってつけの本です。この本を読まれると片づけを1日も早くスタートしたくなるはずです。

私は、一昨年の10月までものづくりを改善する仕事をしていましたが、10月末で退社しました。ものづくりでは改善のベースとなる5S（整理・整頓・清掃・清潔・躾）と呼ばれることばがありますが、先頭のSeiri、次のSeitonのようにアルファベットの頭文字を取ったものです。

私は、その内の特に大切と言われている2S（整理・整頓）に取り組んできました。

退社後1ヵ月半ほどして、あるきっかけから家の中の整理・整頓にも取り組むようになりました。そのあるきっかけとは、妻の〝一流ホテルのようにリビングと和室をきれいにしたい〟という言葉でした。

なぜ、そのような言葉が妻の口から出たのかと言いますと、現在の家に引っ越してから30年にもなりますが、ものが溜まる一方であり、家族でくつろぐリビングやお客様をもてなす和室もものが溢れ散らかり放題でした。なので、そのような言葉が出たのではないかと思っています。

この本を読んでくださっている皆さんも同じような状態ではないでしょうか。玄関は夫や子供の靴の脱ぎっぱなし、リビングには上着やコート、ジャージなどがソファーの上に置きっぱなしになっているのではないでしょうか。

私達夫婦は、その言葉をきっかけに毎日毎日片づけに取り組み、休みの日には結婚している子供にも頼んで片づけを行いました。2週間ぐらいすると次第に片づけが楽しくなり、朝起きると同時に今日はここを片づけようと思うようになりました。

会社生活を送っていた時は妻との会話は必要なことだけしか話しませんでしたが、片づけを通して妻との会話も弾むようになりました。

しかし、片づけがまさか1ヵ月以上も続くとは思ってもいませんでした。毎日毎日片づけのレベルが上がっていくのが手に取って分かりました。

退職前の会社の整理・整頓に2ヵ月かかりましたが、スペースが2桁ぐらい小さい我が家の整理・整頓にまさか同じぐらいの期間がかかるとは思ってもいませんでした。

とにかく大量のものを処分しました。捨てるだけではなく、できるだけ売ることに努め、買った時の定価より高く売れたものもありました。

しかし、簡単に売ると言っても最初はなかなか買い取り先が見つからず苦労しましたが、次第に経験を積むにしたがって、どういうものがどんなところで売れるのかが分かってきました。大したお金ではありませんが、お金を儲けることの難しさやお金の有り難みが分かったような気がしました。

　整理後は残った必要なものだけをできるだけ収納せずに目で見えるようにして、適正なレイアウトに変更して整頓しました。その結果、特に家族がくつろぐリビングや来客をもてなす和室は一流ホテルのような空間になり、快適な毎日を過ごしています。

　また、ものを探す時間も無くなり、掃除などの時間も大幅に短縮され、短縮された時間は趣味などの時間に有効に使われています。

　この本は、家の中をスッキリ見せることや毎日の家事の時間短縮のための家の間取りなどについても記載していますので、これから家を建てる人やリフォームする人などにも参考になると思っています。

　他には、毎日のルーチン作業である洗濯、料理づくりの時間短縮や子供の片づけについても詳しく記載してあります。片づけを家族全員で行って家族全員が幸せになることを願って片づけのエッセンスを記載しました。

　私ども夫婦は特別な夫婦でもなければ、特別な家に住んでいるわけでもありません。ごく普通の夫婦であり、ごく普通の家に住んでいますが、僅か2ヵ月で心地良い空間を手に入れることができましたので、間違いなく皆さんの家でも手に入れることができると思っています。

皆さんの人生がこのまま何もしないで過ぎていくことは、とてももったいないことだと思いませんか。皆さんが1日も早くこの片づけのエッセンスを手に入れて、皆さん並びにご家族の幸せに少しでも貢献できましたら光栄です。

日本初！　ラク家事プロデューサー

辻　博文

辻　友美子

第1章　これから快適な生活を送りたい人達へのメッセージ

1　片づけを家族全員で行う

ものづくりでの整理・整頓は会社や工場全体で行って効果が出るものです。これは家庭での片づけも同じことが言えますね。お母さん一人でやっても意味がありません。時間がかかる割に進まないのです。そのために途中で挫折してしまうことがあります。

ぜひ、一緒に暮らしている家族全員でやりましょう。なぜなら、お母さん一人だけでやっても片づけの効果が非常に薄いからです。一生懸命お母さん一人で片づけているけれど、一度は片づいたように見えても、また散らかるということになりがちです。

会社に例えますと一つの活動は特定の職場だけがやっても効果が余りありません。会社全体でやって、初めて効果が出て経営に貢献します。活動は効果が無ければ、ただの○○ごっこに過ぎないのです。

したがって、皆さんの家庭の片づけも何を目的にして、どんなあるべき姿を描いて、どういう効果を狙うのかがハッキリしていないと中途半端に終わってしまいます。やるからには完璧を目指しましょう。

例えば、片づけの目的が探す時間などのムダな時間を短縮して、短縮された時間を趣味などの時間に使いたいのなら、徹底的に時間短縮ができる片づけをやりましょう。

そして、それを家族全員でやりましょう。時間短縮という目的は家庭にとって分かりやすいと思いますので、家族全員が同じベクトルに向かって、家族全員で片づけを行えば効果は絶大です。

この本は、片づけを通して、家の中を一流ホテルのように見せるコツと、家族の中でも特にお母さんの家事が徹底的に時間短縮できる方法をやさしく解説していますのでご期待下さい。

2　お母さんのリーダーシップが大切

片づけを家族全員でやる意味がお分かりになったと思いますが、実はこの家族全員でやることは相当難しいです。そこで一番大切なことになるのは、皆さんのリーダーシップになります。

仕事でも運動でもリーダーがしっかりしていないと良い結果は得られませんね。世帯主がリーダーとは限りません。日常の家庭生活を一番良く知っている皆さんがなるべきです。知らない人が権限だけでやってしまうと、違う方向に進んで満足な効果が得られない場合がありますので、リーダーはこの本を読んでおられる皆さんが行いましょう。

前作の「ものづくりの改善がものすごく進む本」の中のリーダーの資質の項では、組織はリーダーの資質以上には伸びないと謳っています。ぜひ、リーダーは家族全員を引っ張っていけるように自分自身も人の動かし方などの本を読んだりして、家族全員を引っ張っていけるようになると良いでしょう。

リーダーは、家族というチームのキャプテン或いは監督と同じだと思います。ぜひ、家族全員を良い方向に導きましょう。

3　特定の部屋だけではなく家中をきれいに

家全体がスムーズな流れの中で快適に過ごせるようにしましょう。つまり、家族全員で過ごすリビングやダイニングだけではなく、全ての部屋をスルーした片づけを目指すと良い結果になると思います。

前にも記載しましたが、皆さんの家全体で何を目的にして、どんなあるべき姿を描いて、どういう効果を狙うということをハッキリしておきましょう。それを明確にして達成するための順番やスケジュールを決めるのです。つまり、活動計画を頭に描いて、特定の部屋だけではなく、家全体が最適になることを考えましょう。

例えば、リビングをきれいにしたいので、リビングのものを全て押し入れに詰め込んでしまったら、必要なものが直ぐに取り出せなくなりますね。

リビング、ダイニング、キッチン、ランドリースペース、個人部屋などの目につきやすい部屋だけではなく、押し入れなどの使用頻度が少ないものの収納場所も片づける範囲に入れましょう。

押し入れも一つの部屋と考えた方が良いと思います。そうしないと家全体での片づけの効果が出てきません。

4　片づけモデルルームから家中に展開

ものづくりの現場では徹底的に改善するモデル職場やモデルラインを作ると、他の職場やラインも自然に競争原理が働いて改善が進むようになって、工場全体が良くなっていきます。私はこのことを何度も経験していますので、徹底的に改善する職場やラインを作って工場全体に広げていきました。改善されているラインに他のラインの人が見に来たり、聞きに来たりするようになります。

工場で発表したりします。段々と他のラインに広がっていきます。他のラインを早く改善するために人も異動させました。

皆さんの家の中も同じであり、例えば家族全員が利用するリビング、ダイニングやお客様をもてなす和室などをモデルルームにして片づけていくのが良いと思います。すると、個人の部屋も同じような方法で片づけを行うようになっていきます。

ハウスメーカーがモデルルームを作って、これから家を建てる人に見せていますが、良いものを見ると同じようにしたくなるものです。そのためにも家族全員で利用する部屋やお客様をもてなす部屋などをモデルルームとして家全体を片づけていくのが良いでしょう。

個人の部屋でも片づけの進捗にバラツキが出てくると思いますが、その時は進んでいる人がアドバイスしてあげれば良いのです。

とにかく、家全体に展開するのが片づけの目的です。特定の部屋だけの片づけでは効果が出ませんし、家族全員の意識も変わりません。

5　片づけの継続で定着化へ

片づけが一通り終わったら、それでおしまいではありません。それを維持するための継続が大切になります。

会社でもそうですが、新しいことをやるとだいたい2〜3年の「活動」で終わることが多く、終わるとまた元に戻ってしまいがちになります。活動のリーダーが異動になると活動自体が無くなることもあります。

したがって、活動は継続しなければ意味がありません。その活動が何も考えずに当たり前のようになる「定着」までいかないと本物ではありません。定着までには時間がかかると思います。この活動が定着できるかどうかで、皆さんの家で快適な生活ができるかどうかが決まってしまいます。

例えば、毎日行う歯磨きがあります。歯ブラシで歯を磨いた後、無意識に歯ブラシを元に戻すと思います。片づけでは、この無意識にものを元に戻す動作が片づけの定着化のポイントになります。

家族全員が意識せずに、ものを元に戻すことができればリバウンドすることはありません。そのためには日頃の意識づけが大切になります。これは冒頭の歯ブラシが散らからない答えではありません。答えは他の項にありますので引き続き読んで下さい。

会社では人数も多いので活動が定着するために10年かかると言われています。私がものづくりで改善指導した会社も10年かかりました。超優良企業のトヨタは10年どころか同じことをずっと前から何十年もやっています。

定着には「継続」を超える「超継続」が必要になります。家族全員が定着できるようになるまでが皆さんの仕事です。もし、定着しないのであれば皆さん自身の責任と素直に反省し、軌道修正をはかりましょう。

6　そして、新しく家を建てた人は最初の状態を保ちましょう

この本は、これから家を建てる人や家を建てたばかりの人も多く読まれていると思います。我が家もそうでしたが、年数が経つにしたがって段々とものが増えていきました。

一時は例えば、本が増えるのは良いことだと勘違いしていて、本箱から本が溢れてホームセンターで購入したカラーボックスなどの収納用品に収めていきました。内心は本の背表紙を眺めながら、だいぶ本を読んだなと自己満足していたものです。もう二度と読まない本ばかりなのに。それが当たり前と思っていました。普通に考えると二度と読まれない本は家に置いておく意味は全くなく、誰かに譲るなり、売るなどすれば良かったのですが、そんなことは一度たりとも考えませんでした。そして、不要なもの一杯の以前の姿になりました。

これから家を建てる人や建てた後の人は、ぜひ最初の状態を保てるような工夫をして下さい。つまり、家を建てた後の快適さをそのまま保つということになります。そのためにはも

のを増やさないことに尽きると思います。

新しいものを購入したら古いものは売って他の必要な人に使って頂くのが一番良いと思います。使わないものを置いておいても良いことは何一つありません。かえってムダな時間やスペースが増えて、使いたい時間やスペースが減ってしまいます。

最近は「収納」と言うことばが氾濫しています。しかし、良く考えなければなりません。収納は多ければ多いほどお金がかかりますし、多くのムダが発生します。

会社でもそうですが、置き場所があると絶対にそこにものを置いてしまいます。これは間違いありません。したがって、置き場所は必要最小限にして、やり繰りする会社が利益が出る会社だと思います。

ものの置き場所は必要最小限にして、古いものは処分し、やり繰りするのが賢い場所の使い方になりますし、それが家計のやり繰り上手にも繋がると思っています。

7　リフォームする前に

皆さんの中には、これからリフォームする人もいらっしゃるでしょう。しかし、リフォームはちょっと待って下さい。リフォームする前にやることがあります。そう、片づけです。

まず、お金がかからない片づけから始めましょう。片づけを先にすると、リフォームすべきところが、より明確になってきます。

ものづくりでは、お金をかけない改善を徹底的に行ってから、お金をかけるとお金をかけるべき対象がハッキリして、効果が最大限出ますし、お金は最小限で済みます。これを先にお金をかけてしまうと、お金はかかるし、お金に見合った効果も出てきません。

我が家でもリフォームを考えていましたが、先に片づけをやってしまいましたので、和室の襖と畳表の貼り替えだけの出費でプチリフォームができました。襖は襖紙をホームセンターで買ってきて妻と一緒に貼り替えました。

後は、お金をかけるリフォームですが、リフォームの対象がハッキリとしますのでムダな出費が避けられます。

ものづくりでの改善と同じように、お金をかけない片づけを行ってからリフォームすると後でしまったということも無くなると思います。

私が改善指導した青森の工場では、約4年をお金をかけない改善を徹底的に行いました。その結果、賃金の安いアジアの工場に勝つことができました。4年後に初めて自動組立機械を導入しましたが、最小限の投資で最大限の効果を得ました。その工場は現在も生き残っています。

家族でお金を掛けない片づけを実行していく内にリフォームの良いアイディアが浮かんでくると思いますので、お金をかける順番を間違えないようにしたいものですね。

コラム１　なぜ、片づけは必要になったのでしょうか？

私が中学生の頃に家族で引っ越しをしました。学校が夏休みの暑い日に家族でリヤカーを引いて家のものを運びましたが、家全体の引っ越しであるにもかかわらず、リヤカー数回で引っ越しを終えたのです。それだけものが少なかったのです。

私は、親に勉強しなさいとはしょっちゅう言われていましたが、片づけなさいとは一回も言われたことはありませんでした。なぜ、言われなかったのでしょうか。それは現在と比べて、ものが極端に少なかったからです。片づけるものが無かったのでした。机の中には鉛筆、消しゴム、下敷き、ホッチキスぐらいしかありませんでした。机の上には教科書とノートぐらい。服も鞄も靴などもどれも一つ。散らかることも無かったのですね。

現在は昔と比べるとものがありふれる時代。給料が上がって、ものが安くなったので簡単に買うようになりました。昔のように一個ずつ吟味して買った時代からものすごく変わりました。

ものが大量に増えて、家の中が片づかなくなったのです。そして、現在のように片づけに関する本が売れるような時代になりました。また、テレビなどでも片づけの番組が放映されるようになりました。本書もそんなことで読んで頂いていると思います。

この辺でもう一度、ものを買う時に買う意味を真剣に考えてみませんか。これを買おうと思っているけど、これは本当に必要か？　と。

皆さんの家でもそのように家族全員で考えると不要なものを買うことが無くなり、自然に片づけに必要なエネルギーが要らなくなると思いませんか。

第2章　片づけの具体的な進め方

1　まとまった時間を作って集中的に行う

片づけは少しずつやっても続きません。なぜなら効果が見えないので、やる気が無くなってしまうのです。

まとまった時間を作って片づけを行うと効果が目に見えて分かります。つまり、結果が出ると、また今度も片づけようというやる気が出ます。このやる気が大切なのです。

片づけは一気にやってできるだけ短い期間で終わらせるのが良い結果を生みます。いつまでもダラダラと長期間やっているとやる気も薄れてしまいますね。

皆さんの家も毎日毎日の片づけができない状態が長い間積もって、現在の片づかない状態になったと思います。その状態を変えるには毎日ボチボチ片づけるのではなく一気に変える片づけを行うことが大切です。

但し、家族の片づけリーダーである皆さんは毎日少しの時間でも良いので片づけのイメージを描いていきましょう。そうしないと、せっかくまとまった時間を作っても、どうしたら良いのかが分からなくなって進みが悪くなるからです。

とにかく、片づけは一気にやって、ある程度の形を作れば、その後は自然に進んでいきますので、特に最初は一気にやって効果を家族で実感しましょう。

そうです。片づけの最初の日に家族全員で片づけの効果を共有するのです。こうなれば皆さんの家の片づけは早く進むと思います。そのためには、１日で効果を共有できる片づけ場所を選ぶのが非常に大切です。

2　お母さんは家族全員で片づける日程を設定する

片づけは皆さん自身のリーダーシップが大切です。最低週１回は家族で片づける日を作らなければなりません。

しかし、設定した日に家族全員が揃うとは限りません。全員揃う日を待っていますと間が空いてしまいますので、できるだけ多くの家族が揃う日を週1回は設定して、週を空けずに家族で片づけを行いましょう。

全員揃わないと片づけられないのは個人の部屋だけです。個人の部屋の進み具合に差が出るのは仕方がないことですので、最初はリビングなどの共用部屋で効果が共有できる所から進めましょう。段々と家の中がきれいになってくると自分の部屋もきれいにしなければならないと思うようになるものです。

もし、そう思わない方がいましたら、そう思うように効果などを話して片づけるように仕向けましょう。それが皆さんのミッションでもありますね。

そして、次の片づける日程は片づけている日の最後に伝えましょう。カレンダーなどの家族全員の目に触れる所に書いておくと忘れませんね。夕食時などで家族で片づけを話題にするのも良いと思います。片づけすることで家族の共通の話題ができて、家族のコミュニケーションも良くなると思います。

3　片づけの順序

家族で行う片づけの順序を記載します。

毎日の料理で使うキッチンを先に片づけたいと思われる方もいらっしゃるかと思いますが、ここは皆さん自身でも片づけできますので後にしましょう。

まず、最初は家族共用場所のリビングとお客様をもてなす和室です。皆さんもリビングを何とかしたいと思われて、この本を読んでくださっていると思いますので、これを早く効果のあるものにするのが大切です。

ここが片づいてきれいになって、一流ホテルの部屋のようになってくると、俄然やる気が出てきます。

次は、これも家族共用場所のダイニングです。ここに家族共用のものを集めます。リビングではなくダイニングに集めるのがポイントになります。

ダイニングテーブルに座った時に目線より下にものを配置します。ここまでくると、もう半分ぐらいは終わったも同然です。

続いて、隣り合うキッチンに移ります。ダイニングと同時期に片づけが自然に始まるでしょう。行動動線を意識したレイアウトにしていきます。ダイニングにあった方が良いものがキッチンから自然にダイニングに移ると思います。我が家でも卓上ガスコンロやホットプレートがキッチンからダイニングに移りました。

そこまで片づくと玄関を片づけないわけにはいかなくなると思います。玄関、リビング、和室と家族やお客様を意識した片づけを始めます。私のような男性でも玄関に花を飾るようになりました。

色々と工夫して玄関を質の高い空間にすれば、お客様に与える印象も良くなりますし、家族が帰って来た時にも心理的にも良い影響を与えると思います。一流ホテルもロビーが気持ちが良いと心がほぐれますね。

玄関は家の顔です。玄関はシンプルで良いのです。我が家がそうであるように、玄関がきれいな家は家の中もきれいになります。玄関が散らかっていると家の中も散らかっていると言えますね。

残りは、洗面所とトイレです。片づけのレベルが段々と上がってきましたので、おのおのの場所で必要なものを配置するようになります。

押し入れのような見えない場所の片づけが最後になります。取り出しやすいように、空いたカラーボックスなどを再利用して、配置していきます。ものが少なくなったので、押し入れも空間ができて、ものが取り出しやすく戻しやすいようになると思います。

いよいよ、最後に個人部屋ですが、家族共用場所を片づけてからやっても良いですが、自然に共用場所とパラレルに進んでいくと思います。

個人部屋は一人で片づけが出来るので、できる時にやれば良いでしょう。家の中が片づいていきますので、自分の部屋を片づけないわけにはいかないようになってしまうものです。皆さんはこのように家族全員を持っていきましょう。

家の中が一通り片づくと、今度は家の外回りです。我が家は要らない植木鉢、古タイヤ、車のステップ、段ボール箱、新聞、広告などが玄関の外を含めた外壁の周りを占領していました。

これらも必要な植木鉢を除いて全て無くなりました。本当にスッキリしました。家の周りに火が付きやすいものがあると火事の原因にもなるため、家の外回りも十分な片づけが必要になります。

よその家で家の周り、特に勝手口付近や裏側でものが一杯置かれている家がありますが、以前の我が家と同じような散らかり方をしているのだなと勝手に想像してしまいます。

庭に物置を設置している家では、中の整理・整頓を行って不要であれば処分しましょう。物置が無くなれば庭がかなりスッキリしますので、ぜひ無くすことや小型化してテラスの片隅に設置するとかを目指して下さい。

その後は、庭の花壇とかの手入れをやりたいですね。一流ホテルのような部屋の窓から見える庭の景観も部屋の中だけではなく大切だと思います。一流ホテルは眺めも良いものです。しかし、面白いものでここまできても未だきれいにしたくなります。片づけに終わりはありませんね。

4　片づける前にきれいにしようとして前もって収納用品を絶対買わないようにする

皆さんの中には、これから片づけるためにホームセンターに行って収納用品をたくさん買って来ようなんていうことを思っている人はいませんか。

ホームセンターには収納用品が一杯積まれています。つい、買ってしまいたくなりますが、ここでは買うのはやめておきましょう。収納用品という〝もの〟がかえって増えるだけです。

ものを減らそうとしているのに、ものが増える結果になります。

また、収納家具も同じです。収納にお金をかけるのはムダな出費になると考えた方が良いです。それより、そのお金を他のもっと有効なものに使った方が良いと思います。

子供が増えるので収納が増えると思いがちになりますが、子供部屋があるのですから余分な収納は要らなくなります。子供が大きくなって結婚などで家を出て行くと収納がガラガラになります。

片づけを始めるとタンスなどの収納家具やカラーボックスなどの収納用品が余ってきます。やはり、収納にはムダなお金をかけないようにした方が賢明です。

でも、皆さんは余った色や形や大きさが違う収納用品を使って片づけると見栄えが悪いと思うかも知れませんが、人の目に触れる場所に使わなければ見栄えを気にする必要はありません。余ったタンスなどは売るか、カラーボックスなどは人の目に触れない押し入れなどの中での整頓に使うことができます。

ものづくりではお金をかけない改善は知恵を使うので人が育つと言っています。また、お金をかけない改善をやり尽くしてから、お金をかける改善を行うのが利益が出る会社のやり方と言われています。

片づけでもお金をかけずに要らないものを売って、お金を得ることを考えましょう。ここでハッキリ言っておきますが、片づけは収納することではありません。

5　片づけで大切な5S（整理・整頓・清掃・清潔・躾）とは

ここは大切ですのでしっかりと覚えておきましょう。

・一番大切な整理（Seiri）とは？

要るものと要らないものに分け、要らないものは無くすことです。その判断基準は使うか使わないかです。使えるか使えないかではありません。ここをハッキリしていないと要らないものが増えてしまいます。ものには情報も含みます。

・次に大切な整頓（Seiton）とは？

整理で分けた要るものだけを使いやすいように定位置化し、誰でもいつでも要る時に要るだけ取り出せるようにすることです。整頓は定位置に始まり、定位置に終わります。定位置無しに散らかる状態を防ぐことはできないのです。

また、ものをただ並べただけでは「整頓」とは言わず、単なる「整列」に過ぎないのです。

整列の状態では期待する効果は得られません。

・清掃（Seisou）とは？

毎日の生活の結果を掃除して点検し、汚れや問題の原因を追究して改善によって磨き上げ、絶えず進化する体質を作ることです。

つまり、皆さんが日常行っている掃除だけでは清掃とは言えません。単なるきれいにするだけであって、問題点の改善ができなければ現状維持が精一杯になってしまいます。

より快適な生活を手に入れたいのなら清掃を行いましょう。

・清潔（Seiketsu）とは？

意外と知られていないのがこの言葉です。

整理・整頓・清掃を生活の一部として毎日継続して徹底し、誰が見てもスッキリとしたムリ・ムラ・ムダの無い家庭を維持し改善することです。「清潔」の反対語は「不潔」です。

清潔を維持・徹底できない家庭では家全体が薄汚れ、活気のない暗い環境になります。清潔の乱れは家庭の乱れ、日常生活の乱れを示すサインです。1日やらなければ2日、3日と先延ばしになり5Sの火が消えてしまいます。

その結果、家庭内でのミスが多発し、ムリ・ムラ・ムダが増えるのです。

・躾（Shitsuke）とは？

先に述べた整理・整頓・清掃・清潔が自律的に行われるようにモラールを確立することです。家庭内のルールを徹底して身につけさせ、人を育てていくことです。

「躾」の反対語は「放置」です。しっかりと躾し、指示されたことを確実に実行できる人の育成が躾の目指すところです。

近年、教育現場の崩壊や家庭の崩壊が社会問題になっていますね。要するに、躾が社会・学校・家庭から消えつつあるのです。そのために、会社では新人の常識のない行動によって職場がトラブルに巻き込まれることが多くなってきています。

そのようなことを防ぐために、家庭内でやらなければならないことはまず「挨拶」です。家庭内はもちろんのこと、家の外でも進んで挨拶できるように躾けましょう。

学校では先生だけではなく用務員の人や給食を準備してくれる人などにも挨拶するように日頃から伝えましょう。挨拶は、身分や立場には無関係です。小さい時に身についたものは大きくなっても忘れることは無いでしょう。

次に「時間」を守ること。そして「考える」習慣づくりです。家族で行う片づけは考える習慣づくりに打ってつけです。

6　ものづくりでの5Sの経験

私は、40年に亘って国内と海外の会社や工場の生産性向上活動に携わってきました。不特定多数のより多くの人に受け入れられ、喜ばれ、人を幸せにすることこそが、ものづくりの目的です。

私はその目的を達成するためにお客様の信頼を得続けることを目標と定め、その目標を達成するための手段として品質（Q）、リードタイム（D）、サービス（S）が極めて大切であり、コスト（C）はそれらの結果であるとして活動してきました。コスト勝負に持ち込まないように品質・リードタイム・サービスで差別化しました。

その結果、携わった国内の会社や工場全てを海外と差別化して現在も生き残っています。この生産性向上活動のベースになるのが言うまでもなく「5S」になります。5Sはものづくりの基本中の基本です。

これができていないといくら良い機械を導入しても利益が出る会社にはなりません。退社前の会社でも2ヵ月間整理・整頓を徹底して行った結果、清掃・清潔・躾へとレベルアップしていき業績に反映しました。

このように、皆さんは５Ｓは単なる美化運動ではないことにお気づきだと思います。ご家庭でも日常生活のベースになるものが５Ｓであることを肝に銘じておいて下さい。

7　まずは不要なもの（使わないもの）を除くこと（整理すること）だけに集中する

この項は非常に大切ですので皆さんご自身が十分理解してから、家族全員に説明して下さい。

全部ものを出して広げてから整理することをやる人がいますが、そんなムダなことは止めておきましょう。だいたい時間のムダになります。全部出すためのスペースの確保、必要なものまでを出すこと、必要なものを戻す時間などムダが多過ぎます。

だいたい散らかってしまう人にそんな時間やスペースを確保できないと思います。確保できる時間があれば、とっくに片づいているのではないでしょうか。ここでは、不要なものだけを出すことに徹しましょう。

そして、不要なものがあった空いたスペースは、そのままにしておきましょう。間引きすることです。それを続けていくと間締め（まじめ）することが思い浮かびます。この間締めについては後の項で詳しく説明します。

ここで大切なことは、不要なものとは使えないものではなく、使わないものです。この基準を誤ると整理ができません。使わないものを片っ端から出していきましょう。家中やると相当な量になるはずです。一部屋分ぐらいになることもあるでしょう。

我が家でもゴミ集積所に車に不要物を積んで何十回も捨てに行きましたので、家族で行うと相当な量になります。何回も捨てに行きますと、誰も人に見られていないようでも見られているものです。我が家でも雪の降る時に捨てに行った日のことを後で知人に冗談ぽく言われましたが、余り気にする必要もないと思います。

この整理が片づけで一番大切ですので、手を抜かずに徹底的にやりましょう。使うかどうか迷ったら残しましょう。

迷ったものを保留置き場や保留箱を作って一時保管するのは止めた方が良いでしょう。その保留箱という「もの」が増えるだけです。大切なのは、要・不要のどちらかに分けることです。

使うものは残す。使わないものは出す。これを徹底します。他の場所を整理していく内に先に整理した場所の使うものが次第に使わないものに変わっていくこともあるでしょう。それは、段々と基準が自分の中にできてくるからです。我が家でも迷って使うものにしたものが使わないものに変わりました。

くどいようですが、まず整理に集中しましょう。

8　次に不要なものを売ることを考える

不要なものを捨てるのは簡単です。まず、捨てる前に売ることを考えてみましょう。私は今までの人生で使ったものを売ったことは車と単車以外では一度もありませんでした。

今回、初めて家の中のものを売ることを試みました。なぜなら、余りにも不要なものが出たからです。

仕事では整理・整頓のことを口酸っぱく言いながら家の中は惨憺たるものでした。いざ売ることを試みましたが、全く売れません。片っ端からネットで探してHPから問い合わせしましたが、断りの返信ばかりでした。

段々と古くてマニアが喜ぶものならこういう買い取り先、オーディオならオーディオ専門

35年前のPC　8,050円で売れました。

業者、古いパソコンなら古いゲーム機を扱っている所というのが分かってきました。一時はあきらめかけていましたが、しつこく売れる所を探していたら見つかりました。

やっと売れたのが今から35年前にパソコンが世の中に出てきた当時の昭和57年製の東芝製8ビットパソコン（パソピア）でした。取扱説明書には東京芝浦電気と書かれていました。

しかし、ディスプレイとプリンターは解像度が低過ぎて売れませんでした。売れたのはパソコン本体とフロッピーディスクユニットだけでした。

ついでにこんなものが売れるはずがないと思っていた当時のパソコン雑誌を売りに出し

たら、買った時の値段より高く売れました。

買い取り先は関東の会社でしたが、着払いで一番安い送り方を連絡してきました。段ボール箱はこちら持ちなので適当な段ボール箱を探してきて、新聞紙や広告などを緩衝材にして、お金をかけずに梱包して送りました。

その後、全部で8、050円が入金されましたが、嬉しかったです。8、050円を儲けるために、どれだけ苦労したのか。

仕事では毎日会社に行っていれば毎月決まった日に自動的に給料が振り込まれますが、自分でお金を儲けることが、どれだけ大変であるかということが、この年になって分かりました。お金の有り難みが分かりましたね。

もう子供は大きくなりましたが、小さい頃からこういう体験をするのは良いことだと思いました。皆さんもリサイクルショップにものを売りに行くのは、だいたいお母さん一人で行く場合が多いと思いますが、子供も一緒に連れて行った方が良いと思います。買った時の値段に対して相当安い値段でしか売れないのを実感すると、ムダなものを欲しがることが無くなるかも知れませんね。

その次はオーディオでした。これも古過ぎて（昭和49年製）相手にして貰えませんでしたが、買ってくれるところがありました。

これは大変でした。昔のオーディオは大きくて重く全部で80kgになり、大きな段ボール箱4つになりました。それでも最初の8、050円よりは安かったのですが、送った後に心地良い達成感があったのを覚えています。

荷物が多くなると安い運送業者があるので買い取り先と調整して、どの運送業者を選ぶかなど時間がかかりますが、その分高く買い取ってもらえますので売り手のメリットにもなります。

今までも、ものづくりを仕事にしていましたのでコスト意識は高いと思っていたのですが、今回の経験で更に高くなりました。

その次は不要になった本、衣類、時計、切手、コイン、机、レコード、CD、テレホンカード、靴、贈答品など、次から次へと売りに出しました。

古本は1冊10円から20円でしたが、それでも、また他の人に読んで貰えることを考えると段々と売ることが楽しくなりました。

ネット以外では近くのリサイクルショップに足を運んだり、電話で問い合わせをするのが良いと思います。ネットでは買い取り先とものが決まってから不要品を送付しますが、近くのリサイクルショップに持って行く時は、まとめて持って行っても良いですが、買い取りを断られる時に大きいものは、また持ち帰るのが大変なので事前に電話で確認した方が手間が省けます。ゴルフクラブ、スキー板、家具などです。

どこの買い取り先でも最低は10円が多いです。1個でも10円。まとめても10円。マラソン大会の参加賞でもらった袋に入っている新品のTシャツが80枚ありましたが、1枚5円で全部で400円でした。

できるだけ売って他の人に使ってもらうことを考えるのが良いと思います。環境意識も働いて捨てるものが少なくなります。次第に売ることが楽しくなって、もう売るものは無いのかと毎日のように思うようになり、益々整理が進んでいったのはいうまでもありません。

また、売る時は余り焦って売らずに、いくつか見積もりを取って売った方が後での達成感が大きくなります。

一例ですが、有名なブランドの靴が近くのリサイクルショップでは800円、ネットで1、000円、1、500円と段々と高いところが見つかり、4番目で5、000円のところがあったので決めました。ここには事前に写真を撮って送りました。

実に6倍強の買い取り価格差がありました。だいたいの傾向ですが、買い取り価格が安いところは売価も安い、売価が高いところは買い取り価格も高いと言えそうです。と言うことは、売価の高いところに査定をしてもらうのも高値で買ってもらえる方法だと思います。また、ものを売ることは再利用に繋がり、ものを使う人へのコストに対する意識づけができます。

私が改善指導した福島県の工場でできあがった製品を納入先に運ぶための段ボール箱の再利用を実行したことがあります。最初は通い箱を考えましたが、イニシャルコストが掛かって余り効果がなく、輸送に使用している段ボール箱の再利用になりました。

当時、この段ボール箱は1回運搬した後に納入先で廃棄されていましたが、この段ボール箱を2回でも3回でも再利用することを思いつき、評価した結果、数回の使用には耐えることが判明し、再利用化をはかりました。

それまでは納入先の人も誰1人として再利用することに気がついていませんでした。また、福島県の工場も納入先で廃棄されることを知りませんでした。

その後、全ての扱う人の意識が変わったのか、20回以上再利用できるようになりました。結局、この改善は結果的にものづくりに携わっている人達へのコスト意識が高まり、予想以上の効果となりました。

再利用した段ボール箱を扱えば意識が変わり、意識が変われば行動が変わり、行動が変われば結果が変わります。意識を変えることが大切であり、日常の生活で意識づけができるように持っていくのが一番良いと思います。

親がいちいち言わなくても日常の生活の過程で意識づけができるようになるのがベストですね。

運動の世界でも道具を大切にする選手は良い結果が出ると言います。道具を大切にしようとすると道具の置き方も変ってきます。道具をきちんと置くということは、そのことに集中するということであり、実際の運動の場面での集中力ＵＰにも繋がると考えています。

家庭でも玄関での靴の脱ぎ方や衣類の仕舞い方に応用してみてはいかがでしょうか。家族全員に言う必要はありません。皆さんご自身がやれば良いのです。自然に家族全員が、そのようになっていきます。

９　不要なものを売ったり捨てることは難しくない

皆さんの中でも、ものを売ったり捨てたり自分の身の回りから無くすことを、ためらったり、できないという方が多くいらっしゃると思いますが、難しくはありません。

私は会社生活の中で、ものを一杯捨ててきました。なぜ、そんなに簡単に捨てられたのかと言いますと自分のものではなく、会社のものだったからだと思っていました。したがって、自分の家の整理に取りかかる時には本当に捨てられるのかと半信半疑でした。

しかし、やり始めてみると片っ端から不要なものをタンスや押し入れやカラーボックスなどから出していけました。これは一つには〝一流ホテルのようにリビングと和室をきれいにしたい〟という大切な目的があったからだと思います。

また、一つ一つのものの必要・不要の判断を短時間で行ったことが大きいと思います。例えば、タンスの中のものを全部出してから必要・不要の判断を行おうとすると出す時に1回、目に触れます。

そして、全部出した後の1個ずつの必要・不要の判断時に同じものをもう一度みることになります。つまり同じものを2回見ることになります。

人は同じものを2回見ると愛着心が湧いてきて、不要にするのが億劫になりがちになるのではないでしょうか。ここで大切なことは瞬時に判断することです。迷った時は必要にして、そのまま残せば良いのです。

また、タンスなどの中から、ものを全部出してから判断を行うと、ものを全部出すムダが発生します。片づけにムダは不要です。二度手間しないことが大切です。

私の場合は不要と判断したけれど、やっぱり必要ということでタンスに戻したものは一つもありませんでした。逆に必要と判断して、後から不要にしたものは結構ありました。

長い間持っていた（眠っていた）レコードを100枚以上売りました。今までは持っているレコードのことなど、一度も思ったことが無かったのですが、売ってからは時々思い出として当時のことを頭の中で思うことがありました。レコードにとっても喜んでいるのではないでしょうか。

不要にすることを一度経験すると不要にすることが楽しくなったことを覚えています。見る見るスペースが空いてきて楽しくなります。効果が見えてくると嬉しいものです。したがって、不要にすることは難しくありません。

特に思い出のものを整理できた後は、どんなものでも整理できるようになります。現在では、家に届いてから見た後は直ぐに捨てる習慣ができたほどです。

片づけを始めて2ヵ月弱の昨年の2月中旬に畳表を貼り替えるためにテレビを移動しようとしたら、テレビ台がやけに重いので中を確認すると、今まで使っていなかったベータとV

ＨＳのビデオテープが１００本以上出てきました。特にタイトルを確認することもなく、即ゴミ袋行きでした。

片づけを２ヵ月も徹底してやると特に迷わず処分できることが証明できました。

10　不要なものを持ち続けると時間がムダになる

要らないものがあるために要るものを探す時間がかかります。これが何回も発生すると１日当たり、１週間当たり、１ヵ月当たりで考えると大きな時間になり、大きな時間のムダになります。

今直ぐに要らないものに手をつけなければ、この先ずっとムダな時間を垂れ流すことになってしまいます。今直ぐにこのムダな時間を有益な時間に変えるために１日も早く片づけに取り組みましょう。

貴重な人生です。時間をムダに過ごすことは慎みたいものです。皆さんの中にもちょっとの時間なので大したことはないと思う方がいらっしゃるかも知れません。私はものづくりでよく「１秒を大切に」と言ってきました。たった１秒であっても回数が多いと、とてつもなく大きな時間になるのです。少しの時間だからと馬鹿にしていると、後でツケが回ってきます。

ものづくりの経験では、青森県の工場でデジカメなどに使われるSDカードを1日に40、000個組み立てていましたが、これが1個当たり1秒短縮できると1日当たり11時間の短縮になり、1ヵ月では333時間の短縮になります。実に1ヵ月2人分の作業時間になります。実際にこのような改善を行って海外に勝ってきました。

これは極端な例かもしれませんが、皆さんのご家庭の中でも短い時間だからと無視していると、人生でものすごいムダを生じることになります。時間は大切にしましょう。タイムイズマネーです。

11　片づけを軌道に乗せるには

早く、整理・整頓の効果を実感することが大切であり、そのためには一気に集中して進めることが大切です。ダラダラとやっているといつまで経っても効果が現れず、途中で諦めてしまうことがあるからです。早く効果を実感するためには、場所毎、部分毎に片づけを行うと効果を実感しやすいです。

例えば、家族がくつろぐリビングをきれいにしたいとします。我が家ではグランドピアノの上に私の陸上や小学生の運動指導や会社から頂いた賞状やメダルなどが一杯並んでいました。また、私の財布や車のキー、雑誌などの置き場所になっていました。

このグランドピアノの片づけを1日で行いましたが、新築時と同等のきれいさになって、家族全員で片づけの効果を実感しました。これが大切です。こうなると早いものです。

次は、応接セットのテーブルを片づけました。私の読みかけの本や雑誌などがテーブルの下に積まれていましたが、これも1日で片づけを終えました。家族からは、「これが本来の姿」と厳しく言われましたが。

その次は、ソファーの上の未だ読まれていない雑誌など、次はテレビ台へと片づけの対象が移っていきました。

最後にお気に入りの風景写真を飾って完成しました。このように片づけの効果を実感してから他の場所へと順次片づけていくのです。

つまり、一つの部屋を細分化して、その部分毎に片づけていくと効果を早く実感できます。これを一部屋まんべんなく片づけようとすると時間がかかるばかりか、効果がなかなか実感できないので片づけの継続が難しいのです。

このように場所毎、部分毎に効果を実感しながら片づけに取り組んでいくと、「次は違うところを片づけたい」と思うようになります。私は、毎朝起きた時に片づける場所が頭に浮かんできたものです。そして、妻と一緒に片づけました。

ここで大切なことは、市販の収納グッズなどを買ってきて、収納ごっこに走らないことです。収納に関するものや情報が氾濫していますが、まず要らないものを処分する整理、次に残った要るものを使いやすいように定位置化する整頓、この２つをキチンと実行しましょう。

これが出来ないと、いつまで経っても片づけは終わりません。

12　思い出のものはどうするの？（ユニフォーム、トロフィー、カップ、メダルなど）

これも片づけを途中で挫折しないための大切なポイントになります。

皆さんの家でも思い出のものがたくさんあると思いますが、思い出のものの整理は最後にしましょう。つまり要・不要の判断力がついてきてからにするのがポイントです。

これを先にやろうとすると、あれこれ迷うだけで全く進みません。我が家でも思い出のも

リビング片づけ前

片づけ後のリビングのソファー周り

小物はテレビのリモコンと当日の新聞しかありません。

のの整理は最後の方にしました。

私の場合も野球や登山や陸上のユニフォームや靴や帽子などが多く出てきました。それらのものが入っていたバッグは30年以上前のものでしたが、保存状態が良くて息子が使っています。ユニフォームや靴や帽子などは全て誰も使わないし、売れないので思い切って捨てました。

困ったのがトロフィー、カップ、楯、メダル、賞状などでした。全部で軽く１００個を超えていました。結局、どうしても思い入れがあるもの数個だけを残してありますが、別に飾るわけでもなく押し入れの中に入っています。

賞状を入れてある額縁は１個50円、筒は１個10円で売れました。こんなもの売れるのかと予めリサイクルショップに問い合わせしましたが、買い取れるということなので売りに行きました。意外なものが売れるものですね。正直な話、この50円は嬉しかったですね。これらのものは頂いた時とその後１週間ぐらいで役目を終えることになります。後はどこかに仕舞い込まれるだけです。

賞状は１００枚あっても全く場所を取らないので押し入れの中に入れてありましたが、やはりこの存在も気になってきて、名前の部分だけを切り取って再生紙として使ってもらおうと全部押し入れから出しました。

ちょうどキッチンの棚の側面に貼ってあった白い紙が汚れてきたので取り替えることを思いつき、賞状が使えると思って取りつけたところ、ちょうど良かったので数枚使いました。賞状の紙は材質が良いので使い道はあります。

残った90枚以上は再生紙に出す前に誰かに使ってもらえないかと考えていたところ、息子の子供が生まれることを思い出し、賞状の裏を画用紙代わりに使ってもらうことを考えました。孫がおじいちゃんがもらった賞状の裏に絵を描く。我ながら良いことを思いついたなと思い、妻に話したら「ハハーン」と笑いながら軽くあしらわれました。

役目を終えた思い出のものは誰かに使ってもらうことを考えてから、使い手がいない場合は思い切って処分しましょう。自分しか分からないものをリビングに飾っておいても自己満足だけになります。過去のことを思い出しても意味がありません。大切なことは、これからのことを考えて有意義な生活をすることだと思いませんか。

13　残しておきたい記事はスキャナーで撮ってPCに保存

新聞は読んだ後は古新聞になりますので再生紙に回します。雑誌も同じです。月単位で購読している専門誌がいくつかありますが、読んだ後は新聞広告と同じ扱いです。

以前は新聞や雑誌で残しておきたい記事は切り取ってファイルに入れておきました。本の中の大切なところは本そのものを残しておいたので家の中に残っていました。

しかし、新聞や雑誌の切り取りは殆ど見ることがありませんでした。本も1回読んだ後にもう1回見る本は稀でした。

新聞や雑誌の他に本も切り取ったり、少し乱暴な方法ですが破ったりする人がいるようですが、本はもう一度誰かに読んでもらえるので切り取ったり破ったりすることは止めましょう。これはものを大切にすることにも繋がります。

そこで私が行っている方法ですが、残したい記事は全てスキャナーで取り込んで画像でパソコンに保存する方法です。この方法で記事にファイル名をキチンとつけて残すと検索が非常に速いことです。日常でパソコンを使っている人はこの方法を試してみて下さい。

しかし、これも殆どといって良いほど見ることはありませんね。つまり、情報は一時のものに過ぎないのです。したがって、残す必要が無いと言えると思います。

14 改善の3原則

改善の3原則とは、「やめる」、「へらす」、「かえる」を言います。不要なことをやめる。やめることができないのなら不要なことをへらす。へらすこともできないのなら順序や位置などをかえてみる。

片づけに例えると、不要なものを持つことをやめる。不要なものを持つこと全部をやめることができないのなら不要なものを持つことをへらす。不要なものを持つことが減らすこともできないのなら、不要なものの置き場所をかえてみる。

片づけの最初の「整理」で必要なものと不要なものに分けることができたけれど、不要なものを処分できない人は、不要なものを処分せずにどこかに保管するしかありません。

また、不要なものなので無くても全く困らないが、思い出として、記念として残しておきたい大切なものかも知れません。他人にはガラクタのように見えても自分には思い出の一杯詰まった大切なものかも知れません。

私は会社生活では要らないものは躊躇なく処分しました。なぜなら、会社のものは自分の思い入れのあるものが無いからです。したがって、今要らないものや今後も要らないものは直ぐに処分することができました。皆さんも同じでしょう。自分のものはなかなか捨てられなくても、会社のものは簡単に捨てられると思います。ところが、これが経営者になると話は変わると思います。会社のものは自分のものです。したがって、私は今だから話せますが、社長に見つからないように捨てていました。社長さん、ごめんなさい。

「処分できないから困っています」とか「簡単に処分しろと言わないで欲しい」などと思われている方もいると思います。要るか要らないかで分けて、要らないから即処分することに抵抗がある方もいると思います。

ここまでも読まれても、処分ができない方もいるかも知れません。しかし、ここで躓いてしまうと、それ以降に進むことができませんので、あまりやりたくはないですが、次のようにバッファーを設ける手もあります。

そう、不要なものの保管場所を決めて、全て決めた場所に置くのです。自分で不要と決めているので使うことは無いので、その場所に押し込みます。

例えば、家の外に中古の物置を安く買ったりレンタルしたりして、その中に自分で不要と決めたものを家族全員分全て置くのです。そうすれば、未だ家にあるので安心感も生まれ、その後の整頓から清掃、清潔、躾へと進むにつれて、物置の中のものがムダと考えるかも知れません。そうなった時に売るなり、捨てるなりすることを考えてみてはいかがでしょうか。

コラム2　昔の家の周り

私が引っ越す前に住んでいた当時の話です。住んでいたのは三重県鈴鹿市北玉垣町で、近くに鈴鹿市立玉垣小学校がありました。その小学校の周りに魚屋、八百屋、味噌屋、米屋、豆腐屋、床屋、文房具屋、プロパンガス屋、菓子屋、傘屋、酒屋、自転車屋があり、少し離れてパーマ屋、衣料品店、靴屋がありました。

そう、家の近くで殆どのものが揃ったのです。歯医者も近くにありましたが、内科と眼科、本屋、運動具店は別の街（神戸か白子）に自転車で行きました。

たまに四日市市のデパート（近鉄百貨店やオカダヤ）に買い物に親に連れて行ってもらいましたが、デパートの食堂で食べたホットケーキや屋上の遊園地で遊んだことを覚えています。

野菜や果物はマイバッグで買い物、魚や豆腐は鍋などの入れ物を持って買いに行きました。ふりかけなどは、よく朝食時に買いに行ったものです。夕食時に足りないからと八百屋にきゅうりなどを買いに行きました。毎日食べるものは、近くの商店で全て買いましたのでムダな在庫は無かったのです。父親のビールも毎日買いに行って瓶代を引いてもらいました。マイバックや鍋などを持って買いに行ったのでムダな包装も必要なかったのです。

この時代に戻れとは言いませんが、この当時の暮らしを意識して生活するとムダが少なくなって片づけることも少なくなると思います。

和室片づけ前

とにかく、いろんなものが置かれていました。

片づけで、築30年の和室が蘇りました。

きれいになったおかげで孫を呼ぶことができました。

第3章　整理から整頓へ

1　必要なものを取り出しやすくする

皆さんは「整頓」と言う言葉から何を思い浮かべるでしょうか。

必要なものを取り出しやすくする整頓は、良く似た言葉の「整列」とは全く意味が違います。「整列」とはただ並べるだけのことを指します。「整頓」とは整理で分けた要るものだけを使いやすいように定位置化し、誰でもいつでも要る時に要るだけ取り出せるようにすることです。

皆さんは「マーフィーの法則」をご存知でしょうか。世の中で起きていることをユーモアを交えて表現しているものであり、一時期日本でも話題になりました。

その中で「探しものは最後に置いた場所にある」があります。ものは人や動物のように勝手に移動しません。したがって、ものは最後に置かれた場所に置かれています。人はなぜ、探しものをするのかと言いますと、最後に置いた場所を忘れているからです。逆に言いますと最後に置いた場所を忘れていなければ、ものを探すという行為は起こりません。

一番多いのが朝出かける時に探しものをすることです。財布、時計、携帯電話などです。ただでさえ忙しい朝の時間に、このような探しものをすることは全くのムダな時間を使うことになります。皆さんも経験ありませんか。我が家でもしょっちゅうありました。

では、どうすれば良いのかと言いますと、最後に置く場所を決めれば良いのです。つまり、定位置化すれば良いのです。前日に帰って来たら財布、時計、携帯電話などを所定の位置に置けば解決できます。

整頓は定位置に始まり定位置に終わると言われています。定位置無しに散らかる状態を防ぐことはできません。但し、定位置は一度決めたら変えることは良くないことではありません。もっと良い定位置があれば変えましょう。それが改善になります。

取り出しやすくするには、取り出したいものが見えていること、近いことです。進んでいる会社の書庫には扉がありません。書類のファイルの背表紙が見える状態で整然と並んでいます。また、社員が執務している場所の近いところに設置されています。

他には、進んでいる工場の作業現場で使う工具類も同じです。皆さんの家の日曜大工に使う工具は工具箱に入れて倉庫や押し入れなどに入っていませんか。

進んでいる工場では、まとめて工具箱に入れて倉庫の中に置いてあることはありません。使う近くにすぐに使えるように配置されています。より進んでいる工場は使う順番に工具類や部品が準備されています。何も考えずに製品を組み立てすることができます。

この本を読まれている皆さんは家の中も同じだと考えられるのではないでしょうか。つまり、見えていて使う近くにあり、使う順番に並んでいる。例えば、毎日の着替えが着る順番に並んでいることを思い浮かべるかも知れませんね。

キッチンで使う用品も同じことが言えます。使う順番で並んでいると料理を早く作れるようになり「お母さん、ご飯まだー」と言われることも少なくなります。

使う順番に置くことは誰にでも良いことだと分かると思いますが、家の中で見えるようにするために扉を無くすことには抵抗があるかも知れません。その理由は見栄えが悪いとか、壁との一体感が生まれないとか、ゴチャゴチャに置いてあるものが見えるとか、色々あるかと思いますが、扉が無くても見栄えを良くすれば問題無いと思いませんか。

それができない場合は来客があるリビングや和室には何も置かなければ良いのです。我が家ではリビングや和室にはテレビ、ソファー、ピアノしかありません。

そうは言いますけれど、大人だけの家族ならできるかも知れませんが、小さい子供をリビングで一緒に遊ばせたい時はどうするんですか？　と言われる方もいると思います。

子供が小さ過ぎて2階の子供部屋から遊び道具を一人で持って来られない場合はお母さんが、かごなどに入れて子供部屋から持って来て、遊び終わったら返すようにすると良いと思います。この時にかごから出したり、かごに戻したりすることは子供にさせましょう。そうすれば、自然に子供に片づけが身についていくでしょう。

2　同じようなものをまとめる

同じようなものはまとめて置いておくと細かいものでも、どこにあるかが関連づけで分かるようになります。

筆記用具、テープ、パンチ、朱肉、ハサミ、カッター、電卓、切手、封筒、ホッチキス、画鋲、メモ用紙などです。パソコンなら本体とプリンターと印刷用紙、記憶メディア、取扱説明書などです。

我が家ではパソコンは全てノートＰＣであり、無線ＬＡＮで接続されていますが、使う時に定位置のダイニングのＰＣ置き場から持って行って、使い終わったら戻すことになっています。

本箱は１つだけありますが、一杯すきまがあっても本だけしか入っていません。この本箱も無くすかも知れません。私は１ヵ月に５冊は本を読みますが、読んだ後にもう一度読む本は殆ど無いからです。置いておいても仕方がないので、読んだ後に直ぐに売るようにしています。早く売れば高く買い取って貰えますので。

また、食料品、お菓子、薬なども全て１ヵ所集中であり、探す時に迷うことも無く、また入る量が決まっていますのでムダな買い物もしなくなります。入れ物に入らないものは買わない家庭ルールになっています。

３　使う場所でまとめる

玄関のクローゼットには毎日使う靴だけではなく、天気が悪い時に使う傘の他に冬場に毎日使うコートが入っています。ゴルフバッグを入れる場所にハンガーをかけられるように改造しました。使用頻度が少ないゴルフバッグは押し入れに入っています。

帰宅したら玄関でコートを脱いで、着替えが必要なら自分の部屋に行き、不要ならリビングに入ります。

また、玄関にはクローゼットの扉の内側に宅配便受け取り用のシャチハタとボールペンがシャツの中に入っていた厚紙で作った入れ物の中に入っています。以前はダイニングの筆記用具などと同じ場所に入っていましたが、突然の宅配便で慌てることがありましたので玄関に移動しました。

ランドリースペースには洗面台や洗濯機の他に家族全員の下着とパジャマと隣のトイレ用品がカラーボックスに入っています。よく使う洗濯機の取扱説明書もかけてあります。下着とパジャマの季節でないものは各自の部屋にあって、季節の変わり目に各自が入れ替えを行います。

キッチンは歩数が最短になるようにシステムキッチンや冷蔵庫、電子レンジ、食器棚、炊飯器、食料品などを正方形上に配置しています。ムダなスペースを空けずに「間締め」しています。

間締め（まじめ）とは、ものづくりでは工程を連結して生産の流れをつくることです。間

玄関クローゼット扉内側のシャチハタ、ボールペン入れやカギ掛けとコート掛け

荷造りセット

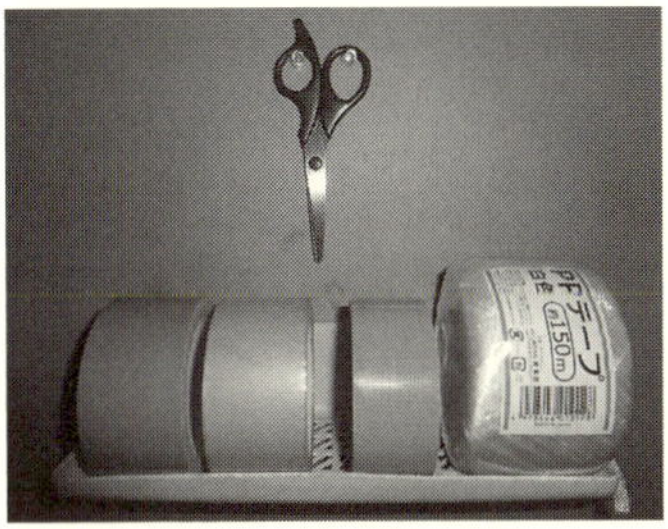

新聞や段ボール箱などの一時置き場所の真上に配置しておくと便利です。

ダイニングのカウンター下

家族共用のものが全てそろっています。

隔を詰めることを言い、間詰めとも言います。目的は移動のムダを無くすことと省スペース化です。毎日行う料理や洗濯は間締めを意識して片づけを行うと時間短縮が可能になります。

4　家族全員で使うものをまとめる

家族全員で使うＰＣや薬や文房具、封筒、切手、取扱説明書などをまとめます。我が家では家族全員が毎日使うダイニングのテーブル周りにL字型に配置して定位置化しています。カウンターの下の空きスペースを利用して配置して、家族全員で使うものが5段式ぐらいでキャスター付きの収納庫数個にもの別に定位置化して入っています。

配置はダイニングテーブルに座った時に目線以下に収めるのがポイントです。目線より上にあると食事の時に目障りになり、ゆったりとした空間になりません。

また、収納庫にキャスターがあると少し離れた場所で何かの作業をする時にまとめて持って行けます。しかも、透明であるとどこに何が入っているのかが直ぐに分かり、探すムダがありません。

家族全員がくつろぐ場所はリビングもありますが、リビングにものがあるとスッキリした空間になりませんのでダイニングに定位置化しましょう。

私が仕事で800泊ぐらい利用した青森県三沢市のホテルは、地上5階に設置されており、景色が大変素晴らしいので常宿にすることにしました。一日の初めの朝食での眺めは大切ですからね。

旅行に行ってホテルに滞在するとくつろげるのは部屋にものが少ないからです。ホテルをイメージするとリビングはテレビ、ソファーとテーブル、テーブルの上に置いた新聞ぐらいが良いでしょう。我が家では、あとピアノと絵と時計ぐらいです。

陸上でもらったトロフィーやカップなども飾ってありません。そのために非常にスッキリしていて一流ホテルのような感じを受けます。

我が家ではリビングと和室は一流ホテルの部屋をイメージしましたが、その通りの空間になっているのは間違いないです。

ものの置き場所は間口を広く、奥行きを浅くがポイントです。即ち、取りやすいからですね。切らしてはダメなものはダブルビン方式を採用すると買い忘れを防止できます。

ダブルビン方式とは、同じ容器を2個用意しておいて、同じものを2つの容器に入れます。1個の容器のものが無くなったら買えばよいのです。但し、場所が2倍必要ですので、どうしても買い忘れを防止したい時は良いでしょう。

棚を利用する場合は棚板を前後に少し傾斜を付けておくと探しやすいし、取り出しやすくなります。

ものの置き方で絶対にやってはならないのは床直置きですね。取りにくいし、戻しにくいし、ホコリを被りやすいし、良いことは一つもありませんので。

5　個人で使うものは個人の部屋に

皆さんの家では、家族共用のものと個人で使うものが混在していませんか。散らかる理由の一つに、この混在があります。

家族全員で使うものと個人で使うものがゴチャゴチャになっていると探すのに時間がかかることと見つからない時が出てきます。家族全員で使うものと個人で使うものを分けることが大切です。

普通の会社では個人用の机・椅子・ロッカーが配備されています。個人で使うものは机やロッカーの中に入れてあります。職場全員で使うものは共用場所に置かれています。

職場全員で使うものは整然と置かれていると思いますが、個人の場合の入れ方が問題です。一般に机やロッカーの中がキチンと整理・整頓されている人は、仕事ができると言われています。また、仕事に必要なものしか机の上に出ていないと言われています。帰る時はＰＣだけになっているようです。机の中の書類も少ないようです。

また、ものの整理・整頓ができている人は頭の中も整理・整頓されているようです。したがって、仕事ができるのでしょう。

頭の中に入れられる情報は人によって違いますが、誰でも限りがあります。情報量が多過ぎると頭の中がパニックになります。そうならないようにするためには片づけで、ものの整理・整頓を習慣づけるのが良いと思います。

運動と同じように子供が小さいうちから個人の部屋での片づけを訓練するのが良いと思います。この本をきっかけに今から家族全員で片づけを行いましょう。お子さんが大きくなった時に効果が分かると思います。

6　できるだけ収納しないで見える化を行う

皆さんは整理した後の整頓は、収納を思い浮かべると思いますが、ちょっと待って下さい。収納してしまうと見えないので取り出す時に時間がかかります。また、仕舞う時にも時間がかかってしまいますね。したがって、収納しないのがベストなのです。

我が家では衣類は見える化しています。毎日着るものは各自の部屋のハンガーポールにかけています。夏なら夏に着るものは全て各自の部屋のハンガーポールにかけてあり、冬物は全てタンスの中に入っています。

つまり、季節が変わるたびに衣類をごそっとタンスからハンガーポールへと、ハンガーポールからタンスへと入れ替えています。

こうすることによって毎日のタンスの扉を開けて衣類を探すムダな時間が無くなりますし、直ぐに今日着たいものが選べます。前日に翌日着るものを近くにかけるようにしておきますと選ぶ必要も無くなります。実際に私も前日に翌日着るものを一番前にかけておくようになりました。

各自の部屋で着替えた後のハンガーは洗濯場に各自が返却

衣類は各自の部屋のハンガーポールにかける

ものづくりでは作業での迷いを無くすことが海外に勝つポイントになります。洗濯してハンガーにかけて干して、乾いたら取り込んで個人の部屋のハンガーポールにかけます。もちろん、ハンガーポールは各自の部屋にしかありません。毎朝着た後のハンガーは各個人がランドリースペースのハンガーかけにかけます。

「収納」と言う言葉が氾濫していますが、収納しないのが一番良い方法です。このメリットは収納するムダな時間が無くなるということの他に、同じような服やものを買わなくて済むのでムダな出費が無くなります。

ものづくりでは見える化は当たり前の方法であり、前にも書きましたが、改善が進んでいる会社の書類を入れるバインダーなどを保管する書庫には扉がありません。書庫の前に行くだけで背表紙が見えるので書類を直ぐに取り出せます。

また、現場で毎日使う工具などはご家庭で目にするような工具箱には入っていません。機械毎や現場毎に使う工具全部がプレートにかけられており、しかもかけてある所には工具の絵が描かれているので工具の有り無しが一目で分かるようになっています。

皆さんのご家庭でも進んでいる工場を見習って、出来るだけ見える化を実現し、置き場所が直ぐに分かり、誰かが使用しているのかが一目で分かるようになるようにムダを無くしていきましょう。

ものの置き方の、あるべき姿は収納レスです。必要なものが収納せずに全て見えるようになっている姿があるべき姿です。現実的には、そんなわけにはいきませんが、出来るだけ、それに近づけることを頭に入れて片づけると時間短縮ができます。

7　定位置化は人の動きで決める

この項は大切な項ですので、しっかりと理解して下さい。

冒頭の我が家の歯ブラシは、なぜ散らからないのでしょうか。誰でも歯を磨いた後に意識して歯ブラシを戻すことは無いと思います。無意識に戻していると思います。それはなぜなのでしょう。

答えは、使う場所（口）と30㎝しか離れていないからです。その場所から動かずに手の動作だけで取り出し、戻しができるのです。つまり、良い定位置だからです。

定位置化は一番近い位置にあるのが良いのです。散らかそうと思っても散らかりません。無意識に戻せる場所が良いのです。これが歯ブラシの位置が歯を磨く所から離れていると散らかる原因になります。

また、歯ブラシ立てに家族全員分の指定席が決まっているからです。これがポイントです。歯ブラシの取り出し、戻しを指定席へと無意識に動作を行うことによって、他のものも別の場所で同じように取り出し、戻しの動作を行うのです。もの一つに対して指定席がキチンと決まっているのが正しい定位置化です。

これがカップなどの入れ物に歯ブラシを投げ込む方式にすると、取り出しはやりにくく、戻しは雑な動作になりますね。カップの中で散らかっていると言えます。つまり、キチンとした片づけが出来ません。これが他のものの片づけができない原因になるのです。

ものづくりでは、機械に使う工具が機械の直ぐ近くに工具1個ずつの指定席があり、使ったら、その指定席に戻すようになっています。具体的には、スパナを例にするとスパナと同じ絵が書いてあり、戻す位置が直ぐに分かるのです。

これが機械の近くに工具を入れる箱があり、その中に種類の違うスパナが入っていると探すのに時間がかかりますね。戻すのは簡単ですが、取り出すのに時間がかかるので、取り出し、戻しをトータルすると指定席が無い方が時間がかかります。つまり、もの一つずつに指定席があるのが、片づけのあるべき姿なのです。

皆さんの家では、指定席のある歯ブラシ立てをお使いでしょうか。それを使っていれば、この本を読まれた後に一気に集中的に片づければ、その後はリバウンドしません。

しかし、カップなどの指定席の無いものでは、カップを部屋とすれば部屋の中で歯ブラシが散らかっているので、片づけた後もリバウンドします。

と言う理由から、片づける前に指定席のある歯ブラシ立てを用意して使ってみて下さい。かと言って、買う必要はありません。厚紙やパイプ状のもので作れば良いのです。ここで大切なことは、家族の人数分の指定席を作るということです。３人しかいないのに４人分の歯ブラシ立てを用意してはいけません。毎回違う位置に置いてしまいがちになり、片づけが習慣づけできません。まず、歯ブラシの片づけから始めましょう。

また、行動動線と収納を効率的にすると家が散らかりません。逆に言うと行動動線と収納が非効率的ですと家が散らかりやすくなります。取り出しはできるのですが、戻しが雑になって散らかる原因となりやすいのです。

人の動きに合わせて定位置化すると動作時間が短縮できることと、ものを探すことが少なくなり、戻しやすくなりますので散らかりません。

不要なものを一杯処分して少なくなったものを定位置化する時に置き場所が良くないと、

ものが少ないのにもかかわらず探すことが発生しますのでムダな時間を費やします。

ゴミもものです。ゴミはゴミ箱に捨てますが、ゴミ箱の定位置も重要です。位置が悪いとゴミ捨てに時間がかかります。家の中ではゴミ箱が遠くても面倒臭いので部屋の中に好き勝手にゴミを捨てる人は余りいないと思いますが、家の外ではゴミ箱が近くに用意されていない公共施設などではゴミが散乱しているのを見かけたこともあると思います。

そして、ゴミもものなので他のものと同じように減らさなくては片づけが進みません。要は、ゴミも溜めないことです。家中が片づいてくると不要なものを買わなくなりますのでゴミの量も減りますし、ゴミをこまめにゴミ集積所に持って行くようになります。

人の行動動線上に置くと探さなくても自然に取り出しやすくなります。どこにあるのか探さなくても良くなります。これが人の行動動線上にないと、どこにあるのかの見当がつかなくなり、結局は探すことになります。せっかく定位置化したのに時間のムダが発生してしまいます。

前にも記載しましたが、我が家ではシャチハタは玄関に備えつけてあります。宅配便が急に届いても全く慌てません。人の行動動線上にあるからです。これが他の文具もまとめて同じ所（例えばダイニング）に置いてあると、シャチハタがどこにあるのかと探すことになります。

ものづくりでは、ポカヨケと言う手法があります。機械に部品をセットする時に取りつけ間違いを防止するために、物理的に正しい方向しか取りつけができなくする仕組みです。

ものを人の行動動線上に配置しておけば、取り出しや戻す時に時間がかからないことの他に取り出し時に探すことがないことや戻す時に正しい位置に戻しやすいからです。戻しにくい位置にあるとつい勝手にどこかに置いてしまって、元に戻すルールが崩れてしまいます。

我が家では、片づけが終わってから、本当にものを探すことが無くなりました。ものすごい効果が出ています。こんなにも効果が出るものかと実感しています。

但し、余りものを分散させると、かえって探す時間が増えますので、家族で使うものは1ヵ所にできるだけまとめるのが良いと思います。右記のような例は、家族で話し合ってケースバイケースで決めると良いでしょう。

8　定位置化は人の負担を考える（子供にも優しい定位置化）

ここでも大切なことを書いていますので、十分理解して下さい。特にお子さんがいらっしゃるご家庭では片づけの必須条件になります。
ものを取り出す、戻す時に体に負担をかけないことがポイントになります。これは家事をやり始めて自分でやって初めて分かりました。床下収納は体に負担がかかります。特にしゃがむ姿勢は体に負担がかかります。

この範囲にものが置かれていれば、ムリなく、疲れず、素早く取り出せ、戻せます。また、この範囲外に置いてあるものは、何が置いてあるのかを確認しづらく、取り出し、戻しにも時間がかかります。また、取り出し、戻し時に落下させる危険があります。できるだけこの範囲外にはものを置かないことが大切です。

お子さんがいらっしゃるご家庭では、この目線の位置はお子さんの目線の位置になりますね。これを大人の目線に合わせてしまうとお子さんが取り出せません。仮にお母さんが取って上げても自分で戻すことができないので片づけすることができません。

家族共用のものの場合は、この高さに注意して定位置化を考えましょう。この場合、お子さんと一緒に場所を考えたり、お父さんやお母さんが子供の目線になるように、しゃがんで高さを考えると良いと思います。つまり、大人も子供になってみるのです。

進んでいる工場のものづくりでは、人の膝から目の高さの位置にものを置いています。人の体に負担をかけない作業は安全であり、疲れにくく、作業が速くなり、品質も良くなります。

もちろん、安く作ることができます。日本で生き残っている工場は、このようなことをこれでもか、これでもかと繰り返し実行しているのです。人件費が圧倒的に高い日本のものづくりが生き残るということは、どれほど大変なことかお分かり頂けましたか。

また、使用頻度で置き場所を決めることも体に負担をかけないポイントになります。使用頻度が同じなら、重いものや不安定な形をしているものなどは、より取り出しやすく、戻しやすい位置に置くべきです。

皆さんはキッチンやランドリースペースのレイアウトをシステムキッチンや冷蔵庫、洗濯機などの大きなもの中心で決めてはいないでしょうか。かつて、私も製造現場の設備のレイアウトを決める時に設備中心でレイアウトを決めて失敗した苦い経験があります。人を中心に考え、人に負担がかからず、人に優しい環境を作ることが大切です。それが動作をより良くしていきます。

9　毎日出かける前に必要なものは出かける前の最後の部屋に

通勤や通学用の鞄はお弁当を持って行かない人は、会社や学校から帰ったら自分の部屋に持って行きますが、お弁当を持って行く人はダイニングに置き場所を作るのが良いでしょう。

そうすると、出かける前にはお弁当が鞄の中に入っている状態になります。もちろん、お母さんに入れてもらうのですが。お母さんも作ったお弁当をどこかに置くわけですので、ご主人やお子さんの鞄に入れてあげて下さい。

朝の忙しい時に自分でお弁当を入れずに済むので電車やバスの乗り遅れも無くなります。これをものづくりでは外段取りと言います。一連の動作の外でやっておけば時間が短縮できます。

鞄以外のものは全て自分の部屋に持ち込み、翌日は全て自分の部屋で準備して出かけます。家の中を探す時間も無くなります。鞄の中に入れて家に持って帰った仕事の書類や教科書などは寝る前に鞄の中に入れておけば良いのです。

毎日行う料理、洗濯、掃除なども外段取りを活用して手待ちの時間を減らせば時間短縮ができます。ものづくりでは手が空いた時間を手待ちの時間と言います。例えば、ライン作業で前の人の作業が遅いので、ものが流れてこない時間、即ち待っている時間を言います。１日は24時間しかありませんので、時間をムダにせず有効に使いましょう。

10　押し入れの効率的な使い方（押し入れは要らないものを仕舞う場所ではない）

皆さんの家の押し入れはどのような状態になっているのでしょうか。

我が家では押し入れは扉が付いているので普段使わない日曜大工用品や防災用品や季節で使う扇風機やファンヒーター、加湿器などの使用頻度が少ないものと毎日使う布団を入れています。

押し入れは要らないものを仕舞う場所ではありません。以前は我が家でも使えるけれど使わないものが多く占有していましたが、こんなもったいない使い方はありません。押し入れにもイニシャルコストがかかっていますので、押し入れは使用頻度が少ないものを入れて有効に使いましょう。

防災用品は水、食料品、石油ストーブ、懐中電灯、ラジオなどが一つにまとめてあります。

うにしています。

整理して余った色とか形が違うカラーボックスなどを有効活用して出し入れがやりやすいよ

余ったカラーボックスなどが無くなったら段ボール箱を活用しましょう。段ボール箱の上蓋4辺を中に折ると箱全体の強度が出ます。それを縦に積んでガムテープで留めればカラーボックスになります。押し入れの中は見栄えを気にする必要もありませんので一度試してみてはいかがでしょうか。

要らないものを処分すると押し入れも空いてきますので使いやすい押し入れになります。押し入れは使わないものの収納場所ではありません。使用頻度が少ないものの収納場所です。使用頻度が少なくても出したり戻したりするのに手間取らないようにしたいものです。

特に防災用品は一刻を争いますので1分以内で全てを取り出せるようにしておくのがベストです。当然、水や食料品には賞味期限がありますのでチェックができるようにしておかなければなりません。そうでないと、いざという時に使えないようでは致命傷です。

懐中電灯の電池もそうです。押し込んで収納していると電池切れをチェックできません。したがって、防災用品は常に見えるようにしておかなければなりません。

玄関に一番近い押し入れに読み終えた新聞や広告や雑誌などの再生できる紙類を一時的に

溜めておく場所を作ると良いでしょう。家から出す時にも時間がかかりません。もちろん、その押し入れには括るための紐やガムテープとハサミが用意されています。

我が家では、階段下が押し入れになっていますが、構造上U字型で結構広くなっています。そのため、押し入れも一つの部屋として考えており、通路も取ってあります。したがって、ものの出し入れに時間が全くかかりません。

押し入れは単なるもの入れと考えるのではなく、一つの部屋として考えるのが良いと思います。ものが少なくなると押し入れに通路を設けることもできるようになります。

押し入れのように見えない所を取り出しやすく、戻しやすく、しかもきれいにすると、自ら見える所はきれいになっていきます。

よく家の庭に物置を設置している家がありますが、余程のことが無い限り購入するのは止めておきましょう。不要物の溜り場になります。

ものづくりでは職場を分散することを離れ小島と言い、やってはならないことになっています。一連の流れでものを作れないばかりか、管理不在になりがちです。

物置は間違いなく管理不在になります。とにかく、置き場所ができると直ぐにものが置かれますので新しく家を建てる人は注意しましょう。収納場所は必要最小限が鉄則です。

11　段ボール箱を有効活用したお金をかけない片づけ

お金を出さなくても知恵を出せば片づけはできます。この本には他の類似本にはない、ものづくりの整理・整頓で培った独自の「技」が披露されています。

段ボール箱は押し入れなどの見えない所での収納に便利です。ものに合わせて作ることができますし、ダメだったら作り直せば良いのです。市販の収納用品を買う必要がありません。

私がなぜ、段ボール箱を思いついたのかと言いますと、毎日のように要らないものを売るために宅配便用に段ボール箱にものを詰めていたからです。何事もやってみないとなかなかアイディアが浮かんできませんね。頭の中で長い時間考えているより、まず実行することです。実行することでアイディアも浮かんでくるものです。

新聞や広告は一つの大きな段ボール箱に平置きに積んでありました。そのため、押し入れの中の通路が狭くなっていました。そこで、その段ボール箱を2つに切って新聞や広告を縦に置くようにしました。これはヒットでした。

段ボール箱を加工してペン立てにすることもできます。ペンの他にハサミやカッターなど

段ボール箱を2つに割って作った新聞・広告入れ

が入っているペン立ての中に段ボール紙にものの大きさに合わせて穴をあけて入れておいて、そこにペンやハサミやカッターなどを収めると、誰かが使っているのが一目で分かります。

また、収納ボックス内の区切りやトレイの代わりにも使えます。少し加工すれば用途は無限に広がります。お子さんと一緒に作るとお子さんも喜ぶでしょう。現在は段ボールで作った市販されている家具もあります。段ボール箱の用途は無限にあります。段ボール箱で遊んだ子供は間違いなく器用な子供になりますし、創造性豊かな子供になります。

他には現在は仕事をしていないので通勤用鞄や出張用鞄などを押し入れにしまう時に出

しやすいように段ボール箱を縦に置いてカラーボックスのように使っています。

このように、お金をかけなくても整頓は十分できます。お金をかけずに改善しようとすると知恵を出して改善しようとするので頭の訓練にも最適です。片づけで考える力がつきます。お子さんの教育にも打ってつけです。片づけは学校のように先生が時間割を作って、それにしたがって勉強するのではなく、自分で時間割を作って考えて実行しなければならないので、お子さんの教育にも良いのです。

子供がいつも散らかしていると嘆いているお母さんがいらしたら、ぜひこの段ボール箱でおもちゃの入れ物をお子さんと一緒に作ってみて下さい。大きさに合わせた入れ物ができますし、お子さんが喜びますので自然に片づけの教育ができます。上手くいかなかったら作り直せば良いのです。子供は形が変わるのが大好きです。

段ボール箱を積み重ねて作ったカラーボックス

また、子供は壊すのも大好きです。作り直す時に自由に壊させれば良いのです。壊すと

いうことは、そのものに興味があるから壊すのです。壊したからといって叱ってはいけません。また、そこから何かを作り始めます。静かに見守りましょう。

既成のカゴを買ってきて「これに入れなさい」と言っても、子供はそんなに親の言うことを聞きません。まず、子供に片づけが楽しいと思わせることが大切です。子供が楽しいと思ったら、自然に片づけるようになります。

また、牛乳パックもキッチンでの収納に活用できます。牛乳パックは強度もあり、しかも内側は防水加工されていますので、スプーンなどを入れるのに申し分ありませんね。縦に切ったり、横に切ったり、斜めに切ったりして使うのです。

12　片づけが楽しくなればしめたもの

皆さんの中でもう片づけをスタートされた方はいらっしゃいますか。もし、スタートされた方がいらしたら、片づけの感想はいかがでしょうか。

私の場合は片づけをし始めてから2週間ぐらいすると目に見えて効果が出てきましたので片づけが楽しくなり、夢にまで片づけが出てくるようになりました。そして、朝起きた時に、今日はここを片づけようと自然に考えるようになりました。ここまできたらしめたものですね。

仕事でも運動でも楽しくなれば上達するのが早いものです。私も土日に早く月曜日がこないかなあと思った時期がありました。ものづくりの生産性改善の仕事をしていましたが、改善するのが楽しくて土日に浮かんだ改善のアイディアを月曜日に早く試したいと思ったものでした。

退社前の工場の改善では、現場が毎日変わっていくのを見ている内に楽しさが日に日に増していったのを覚えています。

また、陸上競技を長くやっていましたが、走るのが楽しくて仕方がない時期がありました。この時はタイムがどんどん伸びていきましたが、きつい練習も辛いとは思いませんでしたね。片づけが楽しいと思うようになると毎日が楽しいと思うようになるはずです。片づけは生活のベースになるものであるということを意識しましょう。何か一つ楽しいと思うものが見つかれば毎日の生活がガラリと変わります。考え方がプラス思考になり、当然結果が良くなります。毎日が楽しくなると何もかも良い方向に向かいます。

ぜひ、片づけを通して有意義な人生を送りましょう。

コラム3　考えることが楽しい

あるテレビ番組の中で、その会社の女性社員が速く作ろうとすると考えないといけないので、考えることが楽しいと言っていました。

これは何を言っているのかと言うと、適度な目標を与えると、人はそれに向かって考えるということです。なぜ、考えるのかというと、考えることが楽しいからです。

ある目標を与えて、それを労働強化と思わせるか、楽しいと思わせるかは、目標を与える人次第です。要は、働かされていると思わせるのではなく、自ら考えるように仕向けます。

運動も同じであり、楽しくないと上達しません。なぜなら、上手くなるにはどうしたらよいのかと考えないからです。練習するのが楽しいから人より多く練習するようになります。これは私の運動指導17年の経験からです。

自分で考えて速く作れるようになると、更に速く作れるようにするには、どうしたらよいのかと、また考えます。そして、段々と速く作れるようになります。

片づけを徹底的に行うと毎日が楽しくなります。言い換えれば楽しくなるまで片づけをやらないと中途半端なものになります。
片づけは徹底的にやりましょう。

第4章　整頓から清掃・清潔・躾へとレベルアップ

1　定期的に清掃する

前にも書きましたが、清掃とは毎日の生活の結果を掃除して点検し、汚れや問題の原因を追究して改善によって磨き上げ、絶えず進化する体質を作ることです。皆さんが日常行っているのは清掃になっているでしょうか。

私も妻と一緒に掃除していますので、掃除中に床のキズや汚れに気がつくことがあります。掃除後に汚れを洗剤などを使用して取り除きます。これが清掃です。

これを掃除ロボットに任せてしまいますと床の汚れはそのままになってしまいますね。

より快適な生活をするためには清掃を心がけましょう。但し、清掃の中のルーチンの作業である掃除に時間をかけるのはもったいないです。掃除は短時間で行って空いた時間を改善する時間に振り向けましょう。

では、どうすれば掃除の時間を短縮できるのでしょうか。それは家の中に、ものを置かないことです。家の中にものが無ければ、ものを移動して掃除する必要もなく、掃除機をかけるだけで済みます。

また、ものが多いとホコリが溜まりやすいのでホコリを払う時間が多くかかります。ものが多くあるから時間がかかり、隅々まで掃除できず、時間をかけた割にはきれいにならないのです。つまり、ここでも、ものは少ないことに尽きるのです。

2 年末の大掃除

日本の国民的行事となっている年末の大掃除。

皆さんの家でも年末の大掃除をしていると思います。いつもの掃除に「大」がついた大掃除は家の中を普段掃除していない所などをまとめて、きれいにして年始を迎えるという意味でしょうが、皆さんの家では実は掃除だけではなく、ものを捨てたり、移動したりするなどの行為も含まれていないでしょうか。

そういうことがかなり含まれているとすると、本来は短い時間で済むのに時間がかかり、結局は年内に全て終わらないということがあるのではないでしょうか。

掃除とはきれいにすることであり、溜まったホコリや汚れを取り除くことです。ものを捨てたり、移動したりすることではありません。

掃除する前に、まず整理・整頓を1日も早く終わらせましょう。そうすれば、毎日の掃除が楽になることはもちろん、年末の大掃除に多くの時間がかかることもありません。しかも、短時間で掃除ができて、きれいになって、問題点も改善点も見つけやすくなります。

つまり、掃除に終わらず清掃になります。

整理・整頓ができていない状態で年末の大掃除に時間をかけても、本当の意味で家の中がきれいになることはないのです。

3　清潔さを保つ

清潔とは整理・整頓・清掃を生活の一部として毎日継続して徹底し、誰が見てもスッキリとしたムリ・ムラ・ムダの無い家庭を維持して改善することです。清潔の乱れは家庭の乱れ、日常生活の乱れを示すサインです。

ある機械要素部品メーカーの会長は工場をきれいにすると良い製品が生まれる、製品の不良率がずっと下がる、人間の心栄えが違ってくる、皆の気持ちが当然仕事に現れると言っています。

衣服が汚れてきたり、不潔になってきたりすると、人間はプライドが無くなってきて、不注意になります。清潔にするという行為が集中力を生んだり、自己嫌悪が無くなったりして、絶対に良い仕事に繋がります。清掃・清潔は生活の中での基本になります。

話は変わりますが、私の車はいつもきれいです。降りる時に毎日ちょっとだけゴミを取ったり拭いたりしています。したがって、まとめて休日に洗車したり、車の中を掃除することもありません。

洗車はたまにしますが、ガソリンスタンドの洗車機は使いません。理由は、皆さんならもうお分かりだと思います。そう、洗車機はただきれいにするだけであり、車のキズなどを発見する清掃にならないからです。

清潔さを保つとムダな時間が無くなります。

4　意識せずに整理・整頓・清掃・清潔の状態が保てるように習慣づけする

躾とは整理・整頓・清掃・清潔が自律的に行われるようにモラールを確立することです。家庭内のルールを徹底して身につけさせ、人を育てていくことです。

躾とは礼儀作法を教えることだけを意味しません。躾とは字からも分かると思いますが、身について自然に美しく実行できるようにすることを意味します。片づけは躾を身につけさせる手段にもなります。

概念的には誉めることも含みます。「人は誉めて伸ばせ」とよく言いますが、これがなかなか難しいのです。何でも誉めれば良いというものではありません。

実は誉められる人は何を望んでいるのかと言いますと、自分が誉めて欲しいところを相手に誉めて欲しいと思っています。いつも努力しているところを誉められたいと思っています。

逆に言うと誉められたく無いところをいくら誉めても相手は何も喜ばないし、かえって全然自分のことを見ていないと不信がられます。この人は何も見ていない人だと。

つまり、常日頃から対象の人をよく見ていないと上手く誉めることはできません。親は常日頃から子供をよく見て、良いところは素直に誉めることで子供は育っていきます。

私が改善指導した青森県の工場では製造部長が生産目標を達成するとラインの女性達にタイミング良くケーキをプレゼントしたりして誉めていました。この辺が実に上手く、誉めることの参考になったものでした。

5　片づけの躾

片づけで子供の躾ができると考えています。

私は、仕事で10年以上毎週のように飛行機に乗っていました。別に急ぐわけでもないので、降りるのはいつも最後でしたが、何も考えなくても他の人が座っていた座席が目につきました。電車やバスやタクシーも利用していましたが、飛行機の座席が一番散らかっているのです。

シートベルトの散乱、機内誌などの散乱、お菓子などの散乱などです。何故、飛行機が一番散らかっているのかと考えてみますと、新幹線以外で飛行機だけ唯一清掃員がいるからではないでしょうか。そう、次の目的地に飛び立つ前に清掃員が掃除するのです。

姿置き

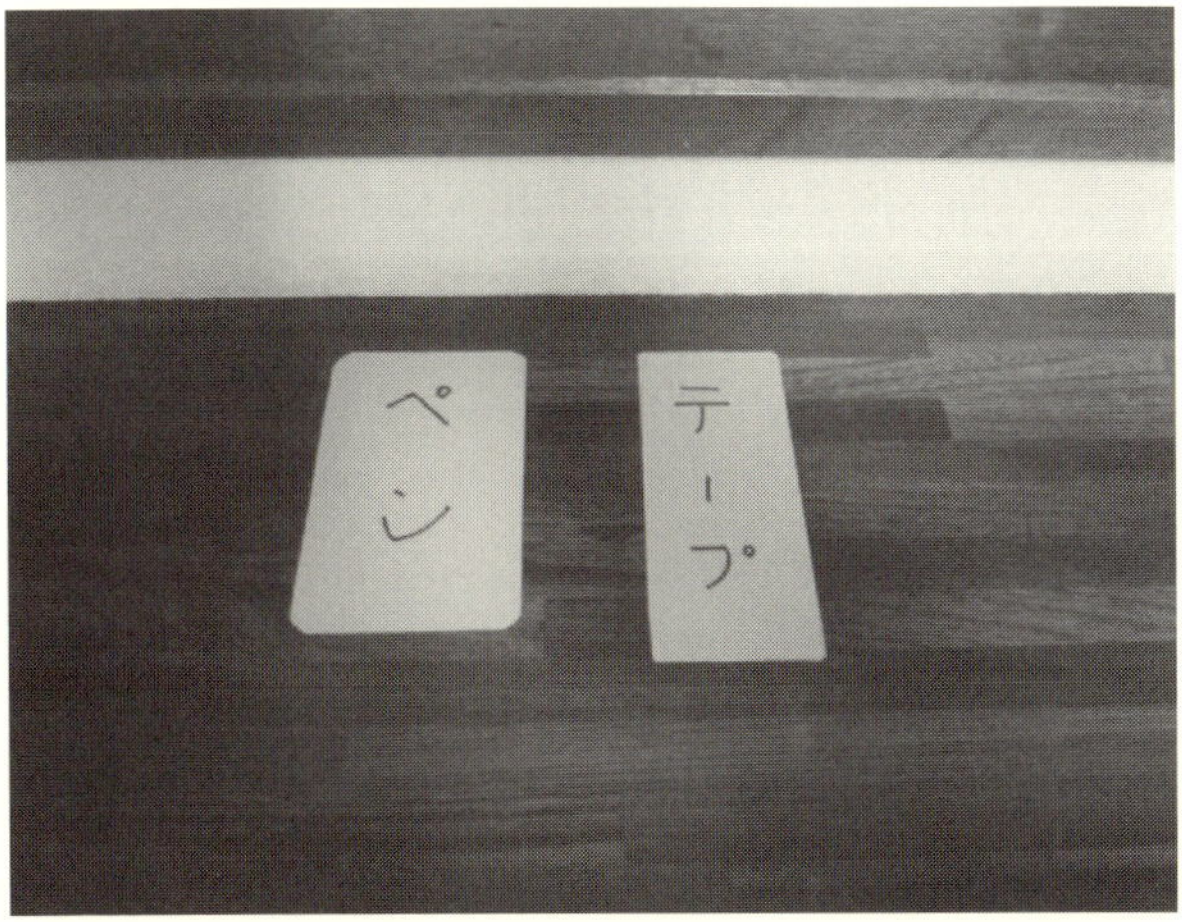

置くものの姿を表示する紙を子どもと一緒に作ります。

子どもが定位置に戻す習慣づけになります。
要するに子どもが楽しく片づけできます。

だから、どうせ清掃員が掃除するのだから、汚くして降りても良いと思っているのではないでしょうか。新幹線も清掃員がいますが、途中で清掃員がゴミを集めに来ますので終点では飛行機ほど散らかっていません。

中には、情けない話ですが、親が子供に「清掃員が掃除するから、そのままでいいよ」と言っている姿を見ることもありました。

親から「勉強しないと清掃員しかなれないよ」と言われて育てられた子供は、清掃の仕事を尊敬しないようになるでしょう。そういう風に大人になってしまった人達を一人ずつつかまえて説教しても、考えが変わるものではありません。

また、町工場に生徒を引き連れて工場見学をした中学校の先生が翌日の教室で「君達は勉強ができなければ、あのような汚い危険な職場で働かなければいけないのだぞ」と話したことを父兄から聞いた町工場の社長がいました。

この教師は、生徒達に仕事に対する偏見と、人を学歴などで差別する価値観を植えつけたのではないでしょうか。

このようなレベルの低い教師がいることを聞いてビックリしましたが、日本を支えているものづくりのイロハも分かっていない教育者の教育が急務であると思います。

このような教師も現実にいますので、学校に教育の全てを任せるのでなく、少なくとも躾については家の中だけではなく、家の外でも片づけを通して子供の躾をしたいものです。

その前には皆さん自身が手本を見せましょう。例えば、玄関での靴の脱ぎ方です。親が手本を見せれば、子供は言わなくても靴をキチンと揃えて脱ぎます。子供は親の背中を見て育つと言われます。まず、親が手本を見せましょう。

子供は親のいう通りにはいきませんが、親のする通りになります。こうして欲しいと思う子供の姿を親も自ら示す必要があるということですね。

話は変わりますが、私は小学生の運動を17年間指導してきました。10年ぐらいすると、親と子供がよく似ていることに気がつきました。例えば、顔の表情です。親がいつもニコニコしていると子供もニコニコしています。一発で誰の子供かは分かりませんが、消去法でやると殆ど当たりました。それほど似ているのです。穏やかな子供に育てようと思ったら、皆さん自身が穏やかでないと、子供はそうはならないのです。

コラム4　コンビニの清潔

これはあるコンビニの会長の言葉です。

「品揃え、鮮度管理、フレンドリーサービス」と並ぶ商売の基本である「清潔」ができていないお店がお客様に来て貰えるはずがありません。小売業者なら、皆そう分かっています。それにも関わらず清潔は案外と徹底できていません。

なぜなのでしょうか。それには二つの要因が絡み合っているからです。まず、清潔は数週間、或いは数ヵ月で売り上げアップに繋がるものではありません。売り上げを上げるだけなら他の派手なセールス技術が幾らでもあります。

次に清潔の手を抜いて店がちょっと汚くなったからといって、急に売り上げが落ちることもありません。後でツケがゆっくり回ってくるのです。ここに清潔の怖さがあります。

小売業は派手な業界ではなく、地味、地道なことを、これでもかと徹底していくことでお客様の信頼を得て他店との差別化をしていく業界だ、と言っています。

第5章　ものが増えた時はどうすれば良いの？

1　買ったものやダイレクトメールなどの勝手に届くものや宅配便など

買ったものは自分の意志で買ったのですから、その代わりのものを処分しましょう。それが、ものを増やさない鉄則です。予めものを買う時にどこに仕舞うのかを考えて買うのが良いと思います。

しかし、片づけを徹底していくと余りものを買わなくなります。自分にとって必要になるものしか買わなくなりますし、自然にどこに仕舞うのかも考えて買うようになりますね。

事実、我が家では片づけた後は食料品や日用品と本以外では殆どものを買っていません。つまり、買う気が起こらないのです。それより未だ売るものはないかと家中を探し回っています。売ることはそれほど楽しいのです。

ダイレクトメールは届いたら直ぐに見て、不要なものは即処分します。これはPCなどに届くメールも同じです。メールの場合は簡単に配信停止ができますので、配信不要な場合は配信不要手続きをしましょう。宅配便は基本的には不要なものはありませんので、届いたら直ぐに中身を確認して使いましょう。

ここで大切なことは、ものを自分の意志で買った時は、その代わりのものを処分すること です。そうしないと、ものが増え続けます。買う前に何を処分するかを考えてから買うとすんなりと処分ができると思います。

食料品は食べるので無くなりますが、本は読んでも無くならないので、少しまとまったら売るようにしています。どうせ二度と読まないのなら早く売った方が他の人に早く読んでもらえるので本も喜びますし、少しでも高く売れます。

要らなくなった本はネット申し込みの宅配買い取りで10冊から送料無料で買い取りができますが、最近新しい買い取り先を見つけました。近くの書店ですが、新しくて読み手が多い本なら1冊100円ぐらいで買い取ってくれて、発行後3ヵ月以内の新しい本は更に高く買い取ってくれますので利用し始めました。しかも、火曜日は買い取り額10%アップだと分かりました。

今まで会社に行っていた時は10円、20円など余り考えたことはありませんでしたが、自分で家事をすることになってから自然と主婦目線になったような気がしています。

一度片づけると、こういうことが自然に習慣化され、お金も入ってきます。最初の片づけ時に残してみたものの、その後も読む可能性が無い本が出てきましたので売りました。段々とものが少なくなっていきますね。

2　年賀状などの定期的に届くもの

皆さんの家では年賀状は届いたもの全てを保管していますか。

我が家では次のように今までのものを処分しました。年賀状は一番近い１年分があれば、翌年出す時に住所録として使えますので、それ以前のものは処分しても構いません。毎年これを繰り返します。２年以上持っていても見ることは無いと思います。

我が家でも引っ越した後からの年賀状が溜まっていましたが、１年分だけを除いて全て処分しました。しかし、困ることは何もありません。かなりのスペースが空きました。

月刊誌などを毎月取っている人は読んだら処分しましょう。私も月間の専門誌を数冊取っ

年賀状。郵便局で貰った箱に1年分だけ入れます。

ていますが、以前は1年分保管していました。しかしこのようなものを1年分溜めておいても見ることはありませんし、場所を取るだけで良いことは何もありません。それより早く再生した方が環境にも良いです。専門誌は1年分溜めるとかなり重くなりますので1冊毎に処分した方が良いと思います。

他には、どこかの会員になっていると会員雑誌が1ヵ月とか2ヵ月ぐらいの単位で届きます。これも読んだら再生紙として処分します。たまに残しておきたい記事もありますが、ホームページでバックナンバーが見られますので、処分しても困ることはありません。

とにかく溜めないことです。一度溜めないことを実行すると、それが当たり前のようになりますので、皆さんもぜひ実行されてみてはいかがでしょうか。

3　一時的なもらいものなど

もらいものはもらった時に直ぐに使いましょう。よく街頭などでティッシュペーパーを配っていますが、要らない場合はハッキリと断りましょう。もらった場合は、多分残しておいても使いませんので、残さずに使いましょう。

我が家でももらってくることがありますが、既存のティッシュペーパーの箱の上に置いて先に使うようにしています。

もらいものは直ぐに使わないといつまでも使われないまま、もらったことも忘れてしまいますので、直ぐに使わないのならリサイクルショップにそのままの包装で売るのも良いと思います。もらいものではタオル類が意外に多いですが、我が家の場合はもらったら直ぐに使い、古くなったタオルは雑巾や洗車の拭き取り用に使っています。使われないでずっと置いたままになっているより、他の人に使われた方が送った人も喜ぶでしょうし、ものも喜ぶと思います。

食料品やキッチン用品、ティッシュペーパー以外では本当に気に入って使いたいものは余りないのではないでしょうか。送る人はどのようにでも使える有効なものにした方が良いと思います。特に食器や置物や飾り物などは趣味の問題もあり、本当に気に入らなければ使われることは余り無いと思います。

私が会社から永年勤続表彰でもらった掛け時計と腕時計は使いました。但し、机の奥に仕舞ってある退社時にもらった重い楯がありますが、箱に入ったまま仕舞われています。名前が刻まれているので簡単に処分するわけにもいかず、仕方なく現在は机の奥にありますが、これも何れは処分することになるでしょうね。

賞状やカップ、楯などと同じでこれらのものの飾る期間は1週間程度です。私はこの楯を一度も飾りませんでした。この本を読まれている企業の方は、昔からやっていることを、この際見直してみてはいかがでしょうか。

4 それらの一時保管、仕分け

郵便ポストには毎日の新聞の他に郵便物や宅配便、フリーペーパー、チラシなどが届いています。見つけた人が家の中に入れて、個人別に仕分けしますが、家族全員が集まるダイニングなどに分けて置いておくと良いと思います。

会社では事務所にいる人は個人机の上に置いていましたが、現場の人には職場毎のレターケースのようなものに入れてあり、毎日職場の責任者が事務所に取りにきていましたので、家庭でもレターケースのようなものに入れておくと良いでしょう。

このレターケースも段ボール箱から作れます。皆さんの中には見た目が悪いと思う方はいませんか。英字新聞などを表面に貼ればインテリアグッズとしても似合います。要は、簡単にお金で解決してしまうのではなくて、「知恵」を出しましょう。

但し、量が多く入るものは止めた方が良いです。古いものがどんどん下に溜まってしまいますので、１日分が入るものが適量と思います。

それでも各個人が持って行かないのであれば、各個人の部屋の机の上に持って行くことを考えてしまいますが、それは止めて躾を実践しましょう。この本を読まれている皆さんは、家族全員が毎日自分で持って行くように仕向けていきましょう。

なぜなら、家族で行う片づけはものだけが対象ではないからです。片づけを通して家族が育っていくのが目的だからです。ものづくりは人づくりと言われますが、片づけも人づくりだと思っています。この本を読んで頂いて、片づけで人が育って、家族が幸せになることを願っています。

5　それらの処理

とにかく早く処理しましょう。毎日、その時に処理するのが鉄則です。そうしないと溜まってしまいます。

私は仕事で毎日200通のメールが届く日が2年以上続きました。日本国内、フィリピン、台湾、中国の会社からのメールです。帰る前に全て処理してから退社するのですが、朝出社してからメールを見ると、既に50通ぐらい届いているのです。

勤務スタート時からメールを見ていると当日の仕事ができませんので、定時より2時間以上前に出社してメールを見る時間に充てていました。

これを定時に出社していたら、メールは溜まる一方になります。片づけも同じであり、届くものは毎日、その時に処理するのが鉄則です。

郵便ポストから部屋の中に持って来る時に宛名を見ながら持って来ると思いますが、自分のものだったら、一旦テーブルに置く前に持ちながら封を破り、中身を見て処理すると処理する時間を短縮できます。家族宛のものだったらダイニングなどの宛名別の入れ物に入れます。一度どこかに置かないことが大切です。二度手間になって、時間のムダになります。

作業の時間短縮は、一度つかんだら離さない、が鉄則です。普段の生活でそういう風に実行していくと、他の場面でも同じようにするようになります。例えば、洗濯物をハンガーから外しながら畳んでしまうなどです。

例えば、２つの作業があるものが10個あるとします。１つ目の作業を10個全部やってから２つ目の作業を10個やるより、１個ずつ２つの作業を続けてやった方が速いです。皆さんはお分かりだと思いますが、１つ目と２つ目の作業の間で一旦置く必要がないからですね。

一旦置いてしまうと、また取る動作が必要になりますので、一連の動作の中で完結することを考えましょう。

コラム５　少量、少人、少スペースでやり切る

ものや人やスペースは少ないほど良いです。それはなぜでしょうか。

ものづくりに例えると、もの（在庫）が少ないとリードタイム（工期）が短くなるとか、金利が安くなるとかと言われていますが、実はもっと大切なことがあります。

それは何でしょうか。今直ぐに要らないもの（在庫）は、工場内に存在するムダを隠すという事実があります。機械が故障する、品質不良が多いなどは全て改善しなければならない大問題です。

しかし、どんな大問題ももの（在庫）を沢山持っていれば、納期が守れてお客様には迷惑はかかりません。したがって、誰も現場に潜む真の問題を真剣に直そうとはしませんし、そもそもその問題に気がつきません。

人は、どうしても楽な方に走りがちです。楽をしようとすると、どうしても在庫を持つことになります。

人の場合も全く同じであり、人が多いと職場に潜む問題が見えてきません。分業化し過ぎて多くのムダが発生します。仕事の重複やスピードなどです。人を最小限にすると職場に潜む問題が見えてきて、問題解決が避けて通れなくなり改善が進みます。

したがって、忙しいからといって、安易に人を増やすべきではありません。少数精鋭で無くても良いので少数でやるべきです。少数精鋭というと精鋭を少数集めるという感じがしますが、少数にすると精鋭になる可能性があります。

少数になると自分一人でも頑張れば、それが数字に表れますし、自分がいい加減になると悪くなります。少数にすると全員が責任感を持つようになり、意思統一が早くなるので組織一丸となって進めることができます。

スペースも同じであり、スペースがあるからとか、きれいに見えるからと言って設備間隔を必要以上に拡げたり、ライン間隔を拡げると生産効率が悪くなります。極限まで間締めしたラインにすべきであり、余ったスペースは誰が見ても分かるように「将来の活用スペース」と表示して、将来のために空けておくべきです。

その場合、空いたスペースにはものを絶対に置かないことです。これをやってしまうと空いたスペースが物置になってしまいます。

第6章　ムダな時間を短縮して時間を浮かせる

1　片づく間取りのヒミツ（家の間取りと片づけの関係）

まず、リビング、ダイニング、キッチンについてお話ししますが、一般的にL・D・Kと呼ばれています。しかし、私は30年前に現在の家を設計する時に（K・D）＋Lと考えました。

Kは料理を作るところ。つまり、ものづくりでは製造現場です。ものを作るための機械や工具や部品や材料が一杯あります。Kも料理を作るところですので、コンロ、シンク、冷蔵庫や電子レンジ、炊飯器などの他に調理器具や食品などが一杯あります。進んでいる工場と同じように整然とものを配置して料理を作れば、整理・整頓されているイメージは湧きますが、ものが多いためにスッキリとした空間にはなりません。どうしても生活感が出てしまいます。

一方、DはKで作った料理を運んで食事するところですので、食事の準備と後片づけの効率化のためにはKとDは隣接している必要があります。

しかし、LはKから離れていても問題ありません。むしろ、前述の理由から離れていた方が都合が良いのです。家族全員が使うという意味でDには近い方が良いと思います。

KがLから離れていると、Lに設置してあるテレビが見えないのでは？　と思う方もいらっしゃると思います。お母さんを孤立させないためにリビングのテレビが見えるに越したことはありませんので、その対策として我が家ではダイニングのカウンターに小型テレビを設置してあります。私が食後の後片づけを行う時にも重宝しています。

和室も作りましたが、和室は機能上Lに隣接させました。その結果、（K・D）＋（L・和室）となりました。DとLの間に間仕切り（ガラス戸）を設けましたが、この間取りと間仕切りが実に良いのです。2つの空間の機能がハッキリします。つまり、食事を作って食べる所と家族がくつろいだりお客様をもてなす所との機能がハッキリします。

皆さんが一流ホテルに泊まって家にはない空間を満喫できるのは、部屋にものが無いことキッチンやダイニングが無いことではないでしょうか。しかし、家庭ではキッチンやダイニングを無くすことはできませんので、2つの領域を分けると家庭で一流ホテルの空間を味わえると思っています。つまり、皆さんの家庭から生活感を無くす（見えないようにする）ことが「一流ホテルのような部屋」への第一歩だと考えています。

今回、30年経過して片づけを行いました。L・和室は徹底的にものを無くして、一流ホテルのような空間にしました。Kは調理時間を短縮するために間締めして定位置・定作業化をはかりました。

隣接するDには食事するための卓上ガスコンロやホットプレートなどを定位置化し、文房具やPCなどの家族共用のものをテーブルに座った時に目の高さより下に全て定位置化しました。

Kは料理を作るところ、Dは料理を食べる所であり家族共用のものを定位置化するところ、Lと和室は家族がくつろいだり、お客様をもてなすところと、機能がハッキリと分かれます。ものがある（K・D）と、ものが無い（L・和室）は機能をハッキリさせるためワンルームではなく、区切りを設けた方が片づけた後の効果がより実感できます。

我が家ではガラス戸を設けましたが、数段の階段を設けて機能をハッキリさせる手もあります。また、真ん中に2階への階段を設けて両方の空間を分ける方法もあります。これから

リビングから見たダイニング

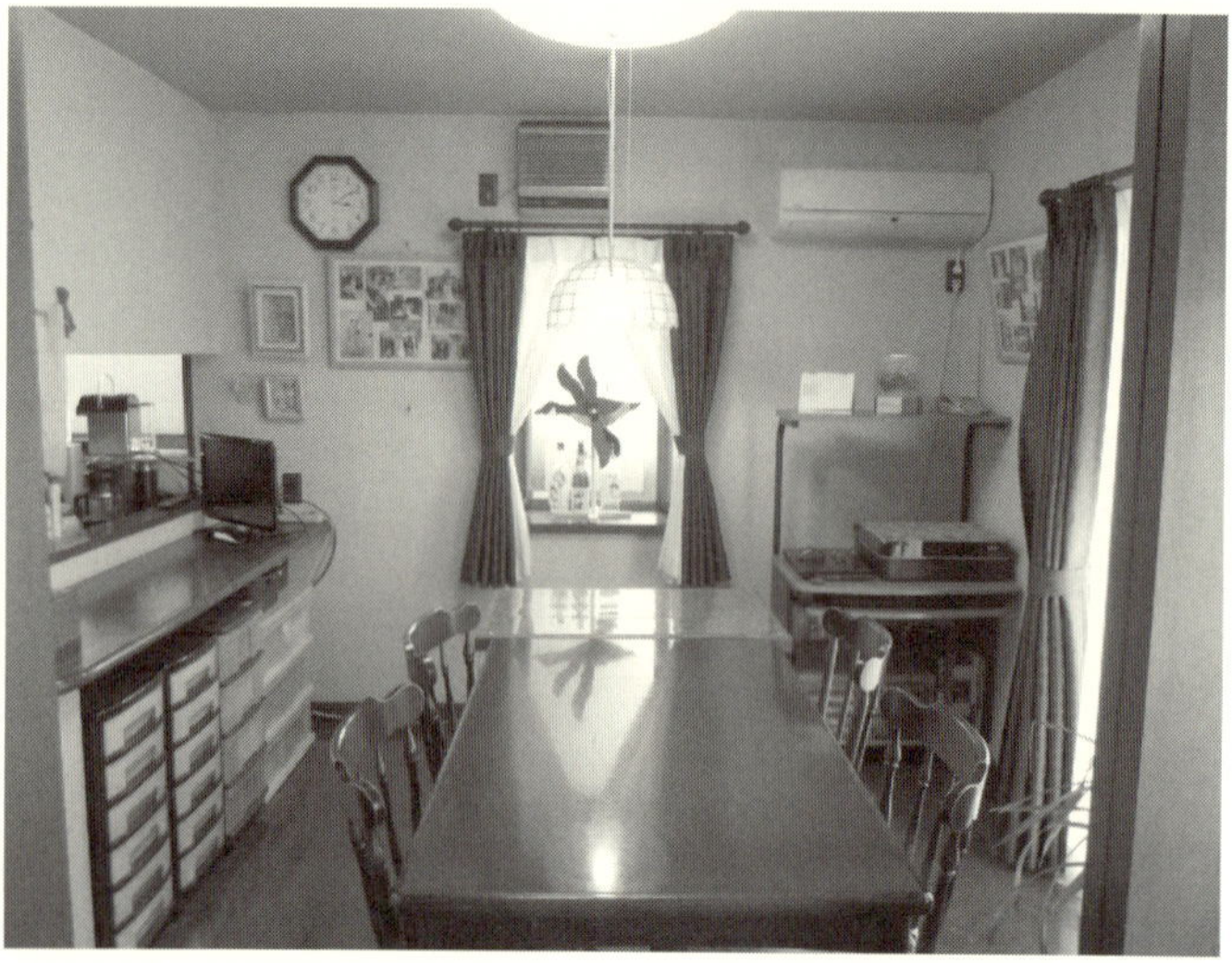

ダイニングに家族で共有するPC、文房具、薬、家電取説などが全て揃っています。玄関、廊下、リビング、和室は生活感が全く無い空間であり、ものが全く無い。ダイニングは生活感が少しある空間であり、ものが少しある。キッチンは生活感にあふれる空間であり、ものがいっぱいあり、見える化されている。このように片づけにメリハリをつけています。従って、片づけてから1年が経過しましたが、全くリバウンドしません。これをキッチンもスッキリさせようとして全てのものを引き出しなどに仕舞い込むと家事の負担になります。ついいい加減になり、徐々にリバウンドし、それが他の部屋にも波及し、家全体が片づかなくなります。これがリバウンドの原因です。上記の考え方は、ものづくりで色々と失敗して編み出したノウハウです。

家を建てる人やリフォームする人は考えると良いと思います。

よそのお宅のワンルームのLDKの家に伺ったことがありますが、リビングのものを全て無くしてもホテルのようなスッキリ感は出ないと思いました。

工場のショールームに例えますと、どうしてもきれいなショールームの一角に整然とはしていますが、一人屋台方式の組立現場があるように見えます。

現在、LDKがワンルームになっている家では、後付けの簡易ドア型間仕切りも市販されていますので検討してみて下さい。広々としたワンルームも良いですが、部屋とマッチする間仕切りを設置して、ワンルームからまた1ランク上のお気に入りの空間を作ってみてはいかがでしょうか

2　キッチンの機能

キッチンがリビングや和室と違うところは、ものがあって（見えていて）当たり前のところであるということです。ものづくりで言いますと、ものを毎日作る、組み立てる場所です。

そこでは、材料や部品や工具などが作業する人の周りに取りやすく、戻しやすく定位置化さ

れています。作業する人がリズミカルに作業できるように工夫されています。

キッチンも食料品やキッチン用具が取りやすく、戻しやすく定位置化されているべきです。料理を作る人がリズミカルに短時間で美味しい料理を作るための工夫が必要です。間違ってもリビングや和室と同様にものが無い（見えない）状態を作ってはいけません。ものが整然と使いやすく配置されていれば良いのです。できればシステムキッチンの扉も無くして、全て見える化して見せる収納を心がけたいものです。

キッチンは家庭の中で唯一ものを作る場所であり、創造性が発揮できる場所なのです。したがって、毎日のことなので使いやすいようにしなければなりません。

雑誌や本などでキッチンまで何も無い写真を見ることがありますが、これは全く料理をせずに外食ばかりしている家か、目に見えないようにどこかに仕舞っている（隠している）家だと思います。料理を全くしない家なら問題ありませんが、毎日料理をしている家では仕舞う（隠す）という大きな時間のムダが発生してしまいます。

キッチンは、料理しやすいようにできるだけ見える化し、手元化するのが料理を早く済ませて、美味しい料理を作るポイントなります。

キッチンはものづくりの現場と同じように使いやすいように毎日でも改善できる場所なの

です。ご家族と一緒に料理を作ってみるのも新しいアイディアが出てくるかも知れませんのでお勧めですね。

3　キッチンの3つのムダ（停滞、歩行・運搬、動作のムダ）

ここでは、料理を作るキッチンの3つのムダについてやさしく解説します。

◆停滞のムダ

これはものの停滞のことです。ここでは食料品の停滞を言っています。本来、毎日必要な食料品だけを買うことが一番在庫が少なくなりますので、スペースが少なくて済みます。したがって、ものを探したりする時間がかかりませんので料理にかかる時間が短縮できます。しかし、毎日少量を買うと高くなるので、皆さんは休日にスーパーマーケットなどで、まとめ買いするわけですね。

昔は近所の米屋や八百屋や魚屋や豆腐屋などで1日分の食料品しか買わなかったので食料品をストックするスペースも要りませんでした。包装紙も新聞紙でしたし、豆腐は料理で使う鍋を持って買いに行きましたので、全くムダが無かったのです。買って来て直ぐに食べるので冷蔵庫も要りませんでした。

現在は、まとめて買うのでストックするスペースや入れ物が必要になったわけです。もちろん、これらにもお金がかかっているのです。

ものづくりにおいて在庫はできるだけ少なく持つのが良い会社です。なぜなら、安いからと言って部品を大量に買っても組み立ててから売れないとお金にならないからですね。また、部品を置く倉庫が必要になり、その倉庫を管理する人が必要になり、倉庫の電気代なども必要になります。したがって、売れるスピードで材料を買って、それを加工して組み立てて売るのがベストな作り方です。

しかし、部品を1個ずつ買っていたら高くなるので、皆さんが知っているような大手企業は大手であるという強みを活かして、買う時はまとめて買って納入は毎日分割してもらうという方法が多く取られています。つまり、部品メーカーには在庫が存在するわけです。

1個ずつ買っていると思う人がいらっしゃると思いますが、買う時はまとめて買っているのです。皆さんがスーパーでまとめて買うのと同じです。

また、安く購入するためには数量を増やすことが必要です。そのために部品を共通化しています。つまり、どの車にも同じ部品を使っているのです。しかし、品質不良が発生すると広範囲に亘りますので、よく新聞にリコールで載るわけですね。

皆さんは、数量が増えるとなぜ安くなるか分かりますか。一つは段取り替えにかかる費用が1個当たりで安くなるのはお分かりだと思います。段取り替えについては少し後ろで説明しています。

もう一つは何だと思いますか。答えは、数量が増えると作り方が変わるからです。より安い作り方になります。金型を作ってプレスで打ち抜いてしまうなどですね。製造ラインを専用化する場合もあります。このように数量が増えると安く作れるようになるのですね。

皆さんの家庭ではなかなか難しいですが、まとめ払いのスーパーマーケットやベンチャー企業などが出て来ることを期待しましょう。

そうです。1ヵ月分の食糧代を安くするために1ヵ月分を前もって払い、毎日届けてくれる会社です。料理に必要な時間が短縮できるとともにスペースやムダな入れ物を買わなくて済みます。しかし、食料品なので部品のように作り置きが出来ませんので無理かもしれませんが。

現在は、毎日配達ネットスーパーはありますが、値段は店舗と同じか高めですので、まとめ買いのメリットは出ません。

余談ですが、ものづくりでは大きくロット生産と1個流し生産があります。作る製品が替わると次の製品のために段取り替えという作業が発生します。そのためにできるだけ多くの数量をまとめて作って、1個当たりの段取り替え時間を短縮するロット生産が一般的です。

しかし、作業は一つではなく、複数の作業工程になりますので数量が多い方が製品が完成するまでに時間がかかります。これをリードタイム(工期)と言います。例えばA、B、Cの3工程の製品があり、AもBもCも、おのおの1分かかるとします。10個のロットで作るとしますと、分かりやすいために段取り替え時間を無視して考えますと、1個目の製品が完成するためにはA工程で10分、B工程で10分、C工程で1分の21分後に初めて完成します。

100個のロットであれば201分かかります。しかし、ロット1個の1個流し生産では3分後に1個目の製品が完成しますね。

キッチンに例えると平日の食べる時間がまちまちな時は1個流し作り、休日の夕食は家族全員で食べるので人数分のロット作りになります。

しかし、麺を茹でたり、卵焼きを作るのは一度に全部できるので、ものづくりではこれをバッチ生産と言い、長時間の乾燥が必要な場合などに用いられています。目玉焼きを家族4人分同時に一つのフライパンで焼くのもバッチ生産ですね。

◆歩行・運搬のムダ

歩行とは、ものを持たずに歩くことです。運搬とは、ものを持ったり、ワゴンにものを置いて運んだりすることです。

ものづくりでは歩行や運搬は実際にものを作っている時間ではありませんので付加価値が無い時間と言い、歩行・運搬の削減が人件費が安い海外に勝つための大きなポイントになります。1歩で1秒のムダな時間が発生します。

キッチンでも歩行・運搬のムダに着目して、当たり前と思って毎日繰り返しているご自身の作業を反省し、どこにムダがあるのかが気づくようになると、ムダを取る行為自体が面白くなると思います。

歩行・運搬は時間短縮に大きく効きますので、日頃から気をつけて改善していきましょう。

◆動作のムダ

動作のムダとは数値的に表せば、手を30㎝伸ばせば1秒、1歩歩けば1秒のムダが発生すると考えれば良いのです。

皆さんは「動作経済の4原則」という言葉をお聞きになったことはありますか。どんな業種であれ、作業を行う時に当てはまるのがこの原則です。作業を行う過程で余分な動作を排除し、作業を効率的に行うための原則ととらえることができますね。

この4原則とは以下の4つを指します。

1）動作を同時に行う
2）動作の数を減らす
3）動作の距離を短くする
4）動作を楽にする

では、これらについて、解説したいと思います。

まず1つ目の原則「動作を同時に行う」です。

例えば料理を作ることについて考えてみましょう。スープを作る時に鍋を火にかけます。その時に右手ではかき混ぜる、左手では調味料を入れるという動作があったとすると、これはまさに「動作を同時に行う」典型です。

「動作を同時に行う」とは両手を同時に動かし、付加価値を与える作業をすることです。皆さんもパソコンを操作する時に両手でキーボード操作を行っていると思います。普段の生活の中でこういった工夫は自然と身についていると思います。

次に「動作の数を減らす」です。何か作業をするにあたり、その作業の中での動作の数を減らすことです。

例えば「ペンを取り、文字を書く」という作業では、動作には「ペンを取り」、「文字を書く」という2つがありますが、実はこの2つの動作だけは済まないのです。ペンにキャップがついている場合、その「キャップを外す」という動作があります。ペンがテーブルに置かれている場合、その置き方によっては「持ち替え」という動作があるかも知れません。

ホテルのフロントのように、カウンター上の右側にペン立てがあり、そこから右手で取って用紙に書くだけの動作が理想です。

普段の生活の中で邪魔なものをどかせる、必要なものを探すといったことも動作です。本来の目的を達成するために最少の動作で済むように工夫することがこの「動作の数を減らす」ということです。

3つ目は「動作の距離を短くする」です。

これは作業を行う際に必要なものを手元に置くことで、ものを取る時に余分な歩行を発生させないことです。先ほどの料理の例で言いますと、右手を伸ばせばお玉が取れ、左手を伸ばせば調味料が取れるように、ものを定位置化することがポイントになります。手を伸ばせば取れる範囲に定位置化することがベストです。

最後は「動作を楽にする」です。

今までの3つの原則で作業はかなりやりやすくなったと思います。それでも作業中に「かがむ」、「振り向く」、「背伸びをする」ようなことが残っている可能性があります。

皆さんが何かをやる時に「やりづらい」と感じるところがポイントです。かがんで重い荷物を持ち上げる作業をよく見かけます。これを改善することが一つの例として挙げられるでしょう。

これら4つの原則に基づき、手順を定めることで作業効率が上がり、肉体的な負荷も軽減されます。

動作のムダは毎日多く繰り返しており、放置すると膨大なムダとなっていきます。中腰姿勢などのきつい姿勢やムリな動作があると、料理の品質低下や時間増大の要因になります。ムリな動作がムラな作業を生み、ムダな作業や品質低下になることを理解して改善していきましょう。

一度つかんだものは離さない。これが鉄則です。一度つかんだものを離すと、また取らないといけなくなります。これを取り置きのムダと言います。

例えば、冷蔵庫の中のものを取り出す時に、他のものをどけてから取り出すのは相当なム

ビールなどの在庫管理

購入後にダンボール箱から全て出し、毎日飲んだ分だけ冷蔵庫に入れます。在庫が見えるので買い忘れが無いし、冷蔵庫内を広く使えます。これは進んだ工場の後工程引き取り方式を応用した例です。後工程が引き取った分だけ前工程は作ります。

ダになります。1日に何十回、何百回と発生するからです。

ちなみに我が家では1日に飲む分しかビールが入っていませんので直ぐに取り出せます。飲んだ後に翌日の必要分を入れるだけです。

冷蔵庫の中は取り出しにくいのでできるだけ1日分だけにするのがコツです。空間が無いと直ぐに取り出せません。冷やすためだけの目的の食品は、1日分だけにしましょう。缶ビール、缶ジュース、パックジュースなどです。

以前は我が家でも買ってきたら、冷蔵庫にまとめて入るだけ入れていましたが、片づけをやり始めてから必要な分だけ入れておけば良いというのが分かり、今では缶ビール、缶ジュース、パックジュースなどは1日に飲む分しか入れてありません。

しかし、こんなことは考えれば直ぐに分かりそうなものですが、日常生活で当たり前になっていることは、何かのイベントが無い限り気がつかないものですね。

冷蔵庫は無理に押し込まずに空間を空けておくと効率的です。これは押し入れなどにも同じことが言えます。これから冷蔵庫を買う人は出来るだけ大き目を買うのが良いと思います。但し、入るからと言って目一杯に入れないことは言うまでもありません。

冷蔵庫は空間を空けて見やすく、取り出しやすくすることと、扉の開閉を1回で済ますことが大切です。時間がかかるばかりでなく、冷蔵効率にも影響します。毎回の食事準備に必要なものをトレイのようなものにセットしておけば、1回で取り出せます。

事前に準備しておけば良いのです。事前準備時間と毎回扉を開けて取り出す時間を比べれば圧倒的に事前準備時間の方が短くなります。

ものづくりで進んでいる会社は、工程毎に1日分どころか数時間分しかものを置いていません。しかも、部品が取り出しやすく並んでいます。部品を台車ごとラインサイドに持って行けば直ぐに作業ができます。

自工程で使った分だけ前工程に取りに行きます。前工程は後工程が持って行った分だけ作ります。これを繰り返します。この生産方式を後工程引き取り生産と言います。

我が家のビールも同じです。後工程が使っただけ（家族が飲んだだけ）を冷蔵庫の横の電子レンジの下のビール保管棚から冷蔵庫に入れるだけです。

欲を言うと冷蔵庫に入れなくても良い食料品の一時保管庫も出来るだけものが少ないのがベストですが、なかなかコスト上少量ずつ買うわけにはいきませんので、できるだけ少な目に持つのが良いです。

なぜなら、大量に買って目が届かないと賞味期限切れになる可能性があるからです。せっかく安く買っても食べられないのでは、高い買い物になってしまいますね。

ものづくりでも部品の品質保持期限があり、半年というものもあって、倉庫に入れていたら半年を過ぎてしまって大量に捨てることがありますので、安いからといって大量に買わないようにしましょう。

片づけが進んでくると、買う時も良く考えて買うようになりますので、片づけの効果はものを片づけてきれいになるだけではなく、出費も抑えられるようになります。

4　ムダの少ないキッチンのレイアウト

皆さんは料理を毎日毎日時間がかかるので大変だと思っていませんか。

毎日3回行う料理の時間短縮は時間を活かすための大切なアイテムです。ものの置き方は定位置化が原則ですが、作業は定位置・定作業が原則です。つまり、定まった位置で定まった作業を行うことです。

定位置化とは材料、使用器具、レシピ本などの位置が決まっていることです。定作業とは料理手順や料理時間の他に安全上の注意事項が決めてあることです。

ダイニングの境から見た我が家のキッチン

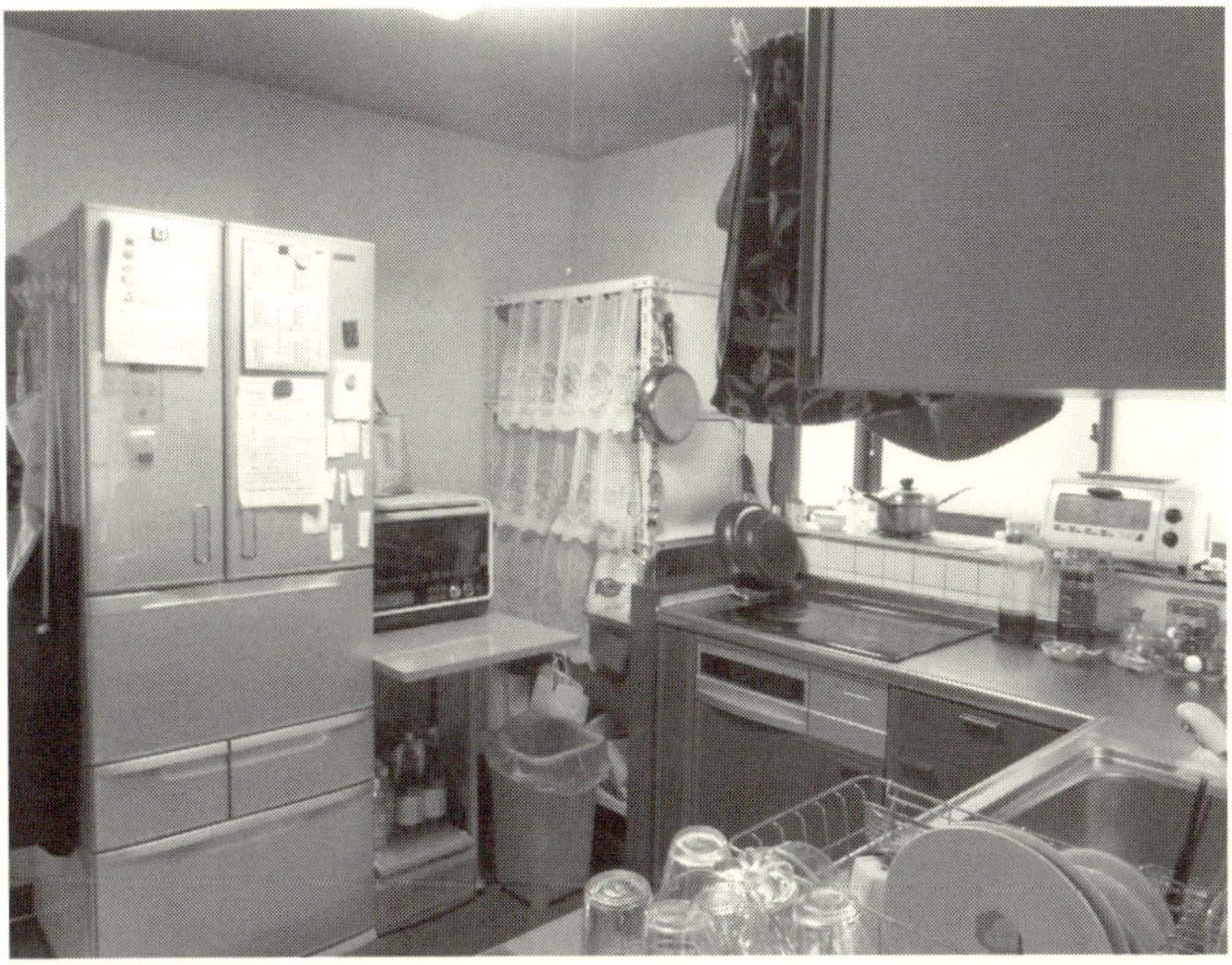

メリハリをつけた片づけはラク家事に繋がります。我が家の片づけは、ラク家事をゴールにしました。本やテレビなどで紹介されている片づけだけで終わりにしては勿体ないです。メリハリのついた片づけは家事が楽になります。何もない部屋は掃除が超簡単。ものを仕舞わないキッチンは料理づくりが超簡単。我が家のキッチンは進んでいるものづくりの工場の一人屋台方式をイメージしました。実際に私がいろいろな工場で実践した内容です。後は洗濯の時短です。これらのノウハウが次作の『ラク家事の極意』（仮）に書かれています。

キッチンで使用するシステムキッチン、冷蔵庫、電子レンジ、炊飯器、食器、調味料などが、一連の流れでムダな歩行や運搬や動作の無いレイアウトが、料理時間を短縮します。

一例ですが、それらを四角形のイメージで配置し、料理を作る人はその四角形の中で動くとムダな歩行や運搬が減り、小物類を使う順番で配置することによってムダな動作が減ります。

我が家では、システムキッチンのコンロの右側にシンク、左側に冷蔵庫の三角形の形に配置してあり、コンロの反対側に食器棚が配置してあります。

ものづくりでは究極の生産方式として1人屋台方式と呼ばれる作り方があります。祭りなどで出店している屋台のように組み立てる部品が組み立てる人の周りに並んでいて、しかもその部品が組み立てる順番に並んでおり、工具も同じように配置している作り方です。

近年は、この生産方式に注目する企業が増えてきました。なぜなら、従業員のモチベーションが上がるからです。もちろん、給料にも差をつけています。同じ部品のねじ締めだけを毎日していてもモチベーションは上がりませんね。

これをキッチンに例えると1人で料理を作るキッチンの材料の配置は？　器具の配置は？　考えれば分かりますが、料理する人の周りに全てを並べると速く作れます。速く作れ

一人屋台

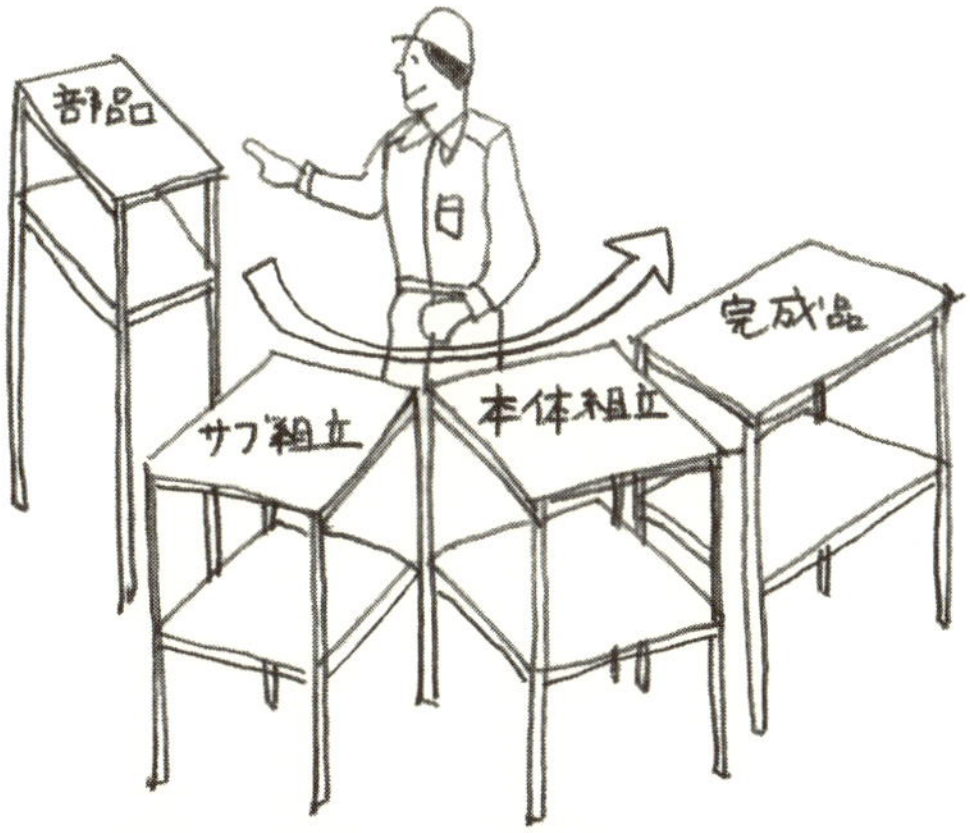

私が改善指導した工場の一人屋台の写真です。
ある製品の複雑な梱包を一人で実施しています。

るということは品質が良い、つまりおいしい料理が作れることです。速く作れるからおいしい。これを目指してみませんか。

それからキッチンによくあるのが床下収納庫です。昔はビールが瓶ビールでしたので1ケースを床下収納庫に収めて瓶ビールを取り出していたのですが、現在は瓶ビールから缶ビールに変わり、使うことも余り無いと思います。我が家でも全くと言って良いほど使っていません。

以前は卓上ＩＨクッキングヒーターや卓上ガスコンロを床下収納庫に入れていたのですが、片づけ後は使う場所であるダイニングに移動させました。

このように床下収納庫は姿勢が悪く、体にも良くありません。ムリな姿勢がムラな動作を生み、ムダな作業、ムダな時間に発展していきます。ムダは極力無くすことを考え、これから家を建てる人は床下収納庫の要否を考えた方が良いでしょう。

また、現在の家で床下収納庫がある場合は家族にも取り出しや戻しを実際にやってもらうと大変さが分かると思います。歳を重ねるにしたがって、膝より下での動作が苦痛になってきますので、家族で確認しておいた方が良いと思います。

5　キッチンでの前段取り・外段取り

テレビの料理番組を見ていますと番組の時間内で料理を終わらせるために、つまり速く料理を作るために調味料が全て別々の容器に適量入れて前準備してあります。〇分間クッキングなども同じですね。

ものづくりでは、我々が約30年前にレーザー加工機などの大型製品で編み出した完全マーシャリングという方式があります。レーザー加工機は部品点数が数千点あり、その組立時間は約400時間かかっていました。

その中には組み立てる時間以外に部品を開梱したり、梱包材を廃棄する時間なども多く含まれていました。組立時間削減のために主作業（組み立てだけに必要な時間）以外は事前準備する方法を採用しましたが、組立時間は減ったものの事前準備時間に約40時間かかりました。その時は製品の各ユニット毎に部品を樹脂製の箱に収納してラインに排出していました。

ユニットとは機能を構成するかたまりのことです。

組立時間を更に減らすために部品を配膳皿（お茶などを運ぶためのお盆のようなもの）の

上に組み立てる順番に並べました。この時はネジやワッシャーはラインサイドにある種類別の箱に収納されていましたが、歩行時間やそのネジやワッシャーを探す時間や取る時間が掛かっていました。

そこで、その次はネジやワッシャーも組み立てる部品の横に必要数だけ使う順番に配膳皿に並べて事前準備するようにしていきました。つまり、数千点の部品を全て使う順番に並べたわけです。

このように改善した結果、組立時間は約70時間、事前準備時間は約8時間となり、合計時間は当初の約400時間から約1／5に削減できました。この方法を新製品や他製品にも横展開していきました。

この内容は組立作業者を組立そのものの主作業に専念させて、開梱などの付随作業は事前準備し、その付随作業を徹底的に短縮することでした。

この方法で賃金が圧倒的に安い海外に勝てました。ものづくりと料理は、持つものが工具と包丁ぐらいの差ですので、進んでいる会社のものづくりのやり方は大変参考になると思います。

料理もスタートから完成までに多くの工程を通りますが、その工程毎に停滞や歩行・運搬などが発生し、工程の中でも付随作業が発生します。主作業以外の作業を極端に少なくすれば料理時間を大幅に短縮できます。料理の正味時間とは、加熱や冷却、調理などの料理そのものの時間だけです。

今まで料理の時間短縮を書いていますが、料理は他の家事の洗濯や掃除とは違い、創造の分野ですので人を喜ばせることが大いにできます。ムダな時間を短縮して、空いた時間を有効活用して人を喜ばせることに使えます。

6　効率的なダイニングのレイアウト（キッチンとダイニングをブロック化する）

皆さんの家でもキッチンとダイニングは隣接していると思いますが、この項ではその隣接の仕方を参考にして下さい。

我が家ではキッチンとダイニングをブロック化して長方形の一つの部屋を真ん中で割ったようなレイアウトになっています。その真ん中で割ったところにカウンターがあります。

作った料理はカウンターに並べ、カウンターからダイニングテーブルに並べます。本来なら作った料理はそのままダイニングテーブルに置きたいのですが、距離がありますので一旦カウンターに置きます。

ダイニングテーブルの周り（2辺）には家族で使うものが全て配置されています。以前はダイニングテーブルの上に常時ものが置いてありましたが、片づけ始めてからダイニングテーブルの上のものを全て無くしました。

これは効果がありました。食事前後のテーブル拭きが楽になり、卓上ガスコンロなどを出したり、仕舞う時も邪魔にならないようになりました。ダイニングテーブルは大きいのでスッキリ感が出ました。

キッチンにはシステムキッチンや電子レンジ、冷蔵庫、食器棚、炊飯器などが正方形の4辺に配置されたレイアウトになっています。調味料や料理器具もＩＨクッキングヒーターの近くに全て配置されており、1動作で行えるようになっています。

料理を作ったら食べますので出来るだけ運搬距離を短縮できるレイアウトにしましょう。また、キッチンの近くにランドリースペースがあると効率が良いです。我が家では、そうなっていませんので、これから家を建てる人は考えた方が良いでしょう。

7　利便性が良いリビング・和室のレイアウト（ブロック化する）

現在、皆さんの中には和室が無い家に住んでおられる方もいらっしゃると思います。これから家を新築する方で和室を設けようかどうか悩んでいる方もいらっしゃると思います。我が家は和室を作りましたが、作って良かったと思っています。和室は、お客様をもてなす部屋の他に、子育て中の寝室や子供の遊び場など多目的な能力を備えています。

これから家を建てられる方は、これからの長い人生のさまざまな風景を思い浮かべてみて、ぜひ和室の設置を検討してみてはいかがでしょうか。

さて、レイアウトですが、リビング・和室のあるべき姿を考えましょう。我が家の場合は一流ホテルの部屋をイメージしましたのでリビング・和室は不要なものが一つも無い部屋をあるべき姿としました。

リビングは、家の中でも最もリラックスしてくつろげるところでもあり、長い時間いるところです。そんな家の中心となるリビングがキチンと片づいているとリラックスできて心の状態も良くなりますね。

家族がくつろぐリビングと主としてお客様用の和室をブロック化し、途中の仕切りを4枚の襖にしますと、襖を開ければ広々とした空間になり、まるで一流ホテルに来たような気分になります。そして、そこには何もない空間があります。このように襖（引き戸）は、開いた時にこそ真価を発揮するのです。

また、大人数の来客時にも有効です。もちろん、日常は空調効率のために襖を閉めて使うのですが、来客時には開けて使うと解放感がものすごく出てリラックスできます。もちろん、和室には何もないことは言うまでもありません。

このように家族がくつろぐスペースや来客用の部屋には何も置かないで、できるだけ部屋を大きく見せることが大切です。

妻の〝一流ホテルのようにリビングと和室をきれいにしたい〟という言葉から始まって2ヵ月弱の昨年の2月中旬に畳表の貼り替えを行って完成しました。畳表の貼り替えは中学校の同級生のH君に頼みました。朝出して夕方収められましたが、何とも言えない達成感があり、その後は充実した日々を送っています。

襖はその前に貼り替えましたが、これは自分で行いました。ホームセンターでまず1枚買って来て貼り替えたところ、上手くいきましたので残りも行いました。

襖は面積が大きいので貼り替え時に空気を入れないのがポイントになりますが、シールタイプのものを買ったら空気が全く入らず上手く貼れました。これは好評でしたが、畳表の貼り替えのH君も感心していました。

真新しい畳表のプーンとした良い香り。新築時と同じような状態に蘇りました。片づけをした後に少し手を入れれば見事な空間に蘇ります。

いくら襖と畳表をきれいにしても良い空間が得られないのは誰にでも分かりますね。まず、お金をかけない片づけを終わらせてから、お金をかけるのが順番ですので順番を間違えないようにしましょう。

リビングにテレビがありますが、そのテレビ台の中が気になり、ビデオテープなどの不要物を処分してデッキなどの必要なものだけになりました。家の中がスッキリしてきますとテレビ台のような小さなものまで気になってきます。

その後、自分の部屋にも10年以上一度も見たり聞いたりしていないビデオテープやカセットテープがあったことを思い出し、処分しました。

更に続いて押し入れの中の日曜大工のための材料の中に使わない配線類があったことを思い出し、これも処分しました。共用部屋を片づけることにより、個人部屋や押し入れなどの普段余り目につかない場所の片づけに展開していきました。

8　リビングでの学習

最近はリビングに置けるコンパクトな勉強机が売っているようです。リビングでの勉強のメリットとして、家事をしながら子供とコミュニケーションを図ることができるということらしいです。「リビングで勉強する子供は成績優秀」とか言われているようですが、私は因果関係がハッキリしない合理的根拠がないものと考えています。

私自身はリビングやダイニングで勉強したことはありません。大切なのは子供の性格に合った接し方を心掛けて、過不足のない範囲でコミュニケーションを取ることだと思っています。子供は親の背中を見て育ちます。子供を成績優秀にしたいのなら、親がしっかり勉強したり、仕事をすることではないかと思います。その点で、私の両親はともに勤勉であったことに大変感謝しています。

では、リビングでの勉強のデメリットとは何でしょうか。リビングが片づかない、リビングに教材や消しゴムカスなどが散乱する、子供が勉強に集中しないなどがあると思います。

リビングで子供が勉強するということは、学用品もそこに必要になるということです。いつの間にかリビングへも教材を置くようになりがちです。スッキリとしたリビングにしようとしているのに、いつまでもスッキリしない空間になってしまいます。

親が近くにいて安心と言う環境は、逆に言うと子供がリラックスし過ぎることにもなりかねません。兄弟がいる場合は邪魔が入ったり、遊びなどの誘惑もあるため、なかなか勉強に集中できないと思います。やはり、勉強は運動と同じように、ある程度の緊張感がないと効果が無いと思いませんか。

また、子供がリビングで勉強している場合、一人で勝手に勉強するような子供は少ないと思います。親は夕食の準備をしているため、忙しいので質問などはつい後回しになり、夕食後になってしまうかも知れません。

つまり、親が近くにいるので直ぐに質問したいのにできない状態になってしまう恐れがあります。こういうことの積み重ねが親子関係の悪化に繋がる可能性もあります。

しかしながら、どうしても親の近くで勉強させたいのであれば、リビングではなくダイニングで照明や姿勢に注意しながら、少しの時間なら仕方がないかも知れません。ダイニングの方がキッチンに近いと思いますので。しかし、この場合もできるだけ早く子供部屋で勉強させることが子供のためにも良いと思います。

私は、ものづくりの改善指導で中国、台湾、フィリピンに頻繁に出張していましたが、中国は別として、台湾、フィリピンは親日国なので愛想も良く、いつもニコニコしています。挨拶も向こうからしてきます。しかし、その調子に乗って甘すぎるやり方をすれば、どこでも甘えが出てしまうので、そのあたりのさじ加減が大変難しかったのを覚えています。これは子供の教育にも当てはまりますね。

しかし、海外は仕事ではなく、旅行などの遊びで行きたかったですね。毎日が慣れない外国語と責任のための緊張感の連続でしたので。

9　機能性が高いランドリースペース

洗濯は毎日するもので、しかも時間がかかるものなので定位置・定作業が大切です。

私の友人のK君が家を建てる時の事例を紹介します。風呂場の横に洗濯機を設置、ここまではよくあると思いますが、K君の場合は洗濯物を干す小さな部屋を作りました。

更に風呂場のドアの前に扉のない棚を設置しました。棚にはカゴを置いて、その中にタオルや下着を収納するようにしました。このままだと丸見えで具合が悪い場合がありますので、棚の前にカーテンを取りつけて見えないようにしています。

洗濯、乾燥、取り込み、アイロンかけなどの一連の作業ができる機能性の高いスペースのでき上がりです。

物干し場がランドリースペースの隣にあるのかどうかは知りませんが、物干し場とランドリースペースが隣接しているのがベストでしょう。洗濯後の濡れた重い洗濯物を物干し場に運ぶのは大変です。

欲を言えばキッチンとの距離が近いと尚更良いと思います。そう、ランドリースペース、物干し場、キッチンの隣接化です。これから家を建てる人はぜひ考えてみてはいかがでしょうか。

我が家でも物干し場はランドリースペースから少し離れていますが、ランドリースペースの中に個人で使うタオルやバスタオル、個人で着る下着やパジャマなどが置かれており「おーい、パンツ無いぞー」というようなことはありません。

風呂から出た時に着るものだけが風呂場の近くにあり、それ以外は個人の部屋のハンガーポールにかかっています。

脱衣場に必要物を収納

タオル、バスタオル、各自の下着とパジャマ（ボックスの中）をセットで収納している。

我が家では洗濯機の取扱説明書がランドリースペースにあります。洗濯機が古いので洗濯の途中でアラームがよく点灯するからです。

よく使うものは使う場所に置いておくのが時間短縮になります。一つのことは小さくても集まると、かなりの時間になります。ちりも積もれば山となるです。短い時間でも馬鹿にせずキチンと対応しましょう。これはものづくりで海外に勝った実績を作った経験から言えますね。

洗濯は毎日するものであり、洗って、干して、取り入れて、畳んで、収納と、工程が多く時間がかかるものなので、洗濯機が自動で洗う時間以外の手作業の効率化が時間短縮のポイントになります。

我が家では、以前は風呂に入る前に洗濯するシャツや下着などを各個人が洗濯機前の大きなカゴに入れていたのですが、これだと翌日に洗濯槽に入れる前にカゴの中から洗濯物を取り出して洗濯ネットに入れる必要がありました。

そこで、我が家での改善は各個人が風呂に入る前に洗濯物を洗濯ネットに入れて洗濯槽に放り込むようにしました。

翌日の朝の洗濯は料理中に洗濯機の蓋を閉めてボタンを押せば、後は洗濯機が自動的に水

洗濯ネットは洗濯機の真上に配置

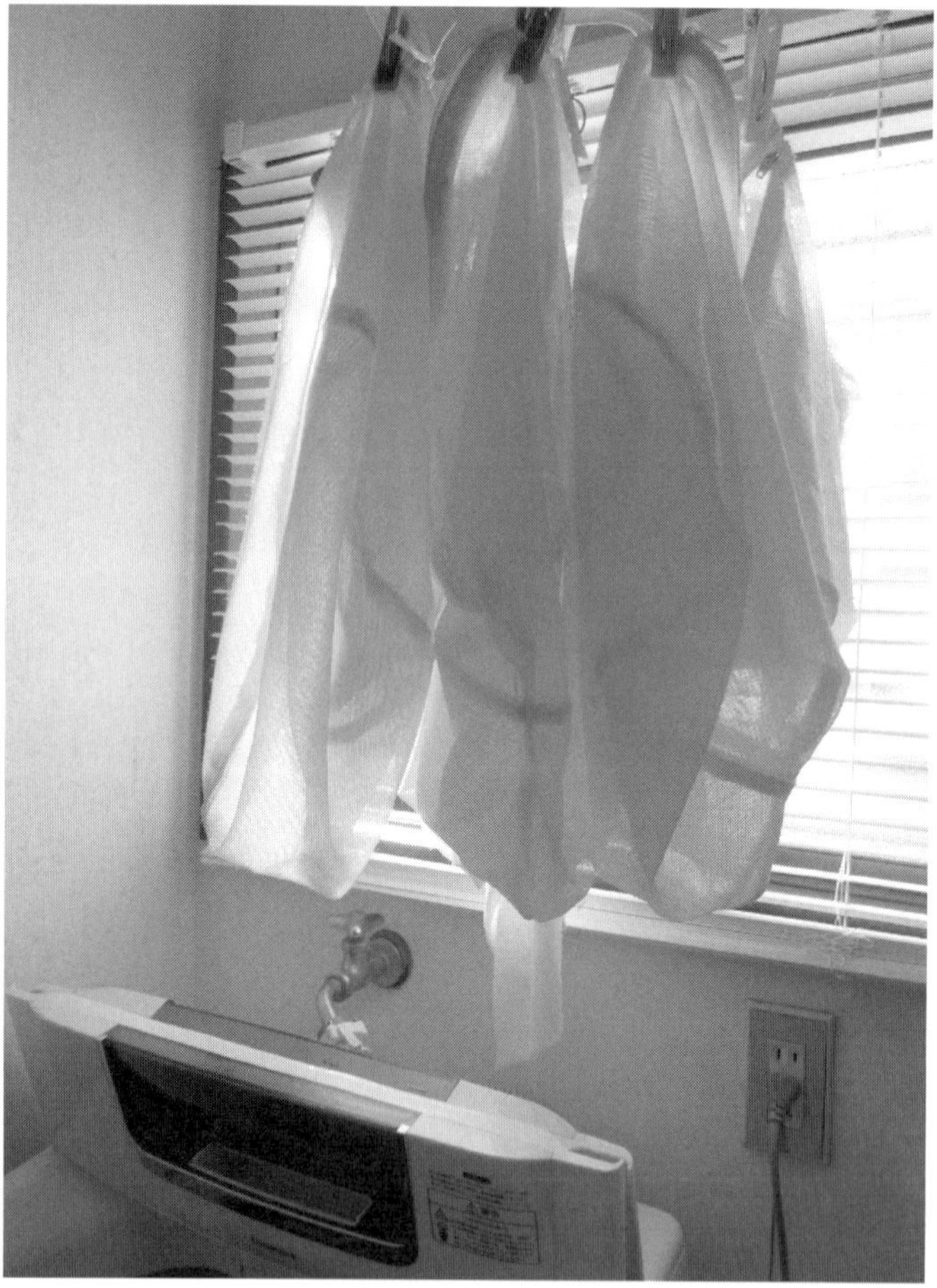

洗濯物をネットに入れて洗濯バサミを外せば洗濯槽に入る。

を入れて洗って脱水してくれます。

このような改善はどこのご家庭でもできることですので一度試してみてはいかがでしょうか。そう、皆さんがご家族に提案すればよいのです。

動作、歩行、運搬などのムダに着目すれば時間短縮は可能です。できるだけ畳まないようにするとか、歩行距離を短縮するとか、洗濯物を持って運ぶ距離を短縮するとか、色々なアイディアが出てくると思いますので、自分だけでアイディアが出てこない場合は家族とも話し合ってみてはいかがでしょうか。意外と良い案が浮かぶかも知れませんし、家族のコミュニケーションにもなります。

それから、これから家を建てる人かリフォームする人しかできませんが、洗面台は2人が同時に使えるものが良いと思います。少しでも時間を短縮したい朝の時間に洗面台が使えなくて順番待ちするのは、心のゆとりにも影響します。スペースを少し広げて大き目の洗面台を置くことをお勧めします。

10　家事室の設置

私は、一昨年の12月中旬から昨年の2月初めまでの約1ヵ月半強を家事を手伝いながら片づけに注力しました。そこで、家事の大変さを知り、更に家事の効率化が必要であることを悟ったのです。

そこで、注目したのが料理と掃除以外の家事が全てこなせるランドリースペースをレベルアップした家事室（ユーティリティールーム）の設置です。洗濯の他にアイロンがけなども全てできる部屋の設置であり、掃除用具も入っている部屋です。

それと、この本を書いていて思ったことは、自分や子供達の部屋はあるのに妻の部屋が無いことです。よその家は知りませんが、主婦の部屋がある家はあるのでしょうか。皆さんのお宅はどうでしょうか。もし、無いとすれば、それは主婦の夢なのではないでしょうか。

これから家を建てる人はぜひ考えて下さい。主婦のスペースは家事室と組み合わせるのも良いかも知れません。そこにはミシンやＰＣが置ける机やソファーもあって、勉強部屋のような機能を備えているのはいかがでしょうか。

11　玄関～リビング～和室の風通し

玄関が散らかっている家は、どの部屋も散らかっていると思って間違いはありません。事実、以前の我が家もそうでしたので。

ものづくりでも工場の入口が散らかっている工場は、現場全体が散らかっています。ですから、ものづくりのプロには工場全体を見なくても入口だけ見れば、その工場のレベルは分かるのです。それと出口である出荷場です。この2つだけを見れば、その会社のレベルは途中の製造工程を見なくてもプロには分かります。

それが家ですと、入口と出口が玄関一つですので玄関だけでその家の状態を判断できるわけですね。

玄関からリビング、和室にかけて通る道に何も無いことが家をスッキリと一流ホテルのような空間に見せるコツです。玄関からリビング、和室への風通しが良いレイアウトにするとスッキリします。

そのためには備え付けの押し入れなどの収納家具以外は何も置かないことです。我が家でも古いタンス2本を処分しました。

玄関、リビング、和室には、テレビ、ソファー、テーブル以外のものを置かないと一流ホテルのような空間になります。後は読みかけの新聞ぐらいですか。

これが一流ホテルのような空間を作るためのポイントになります。旅行で行ったホテルを思い出して下さい。

我が家も家を新築した時は、何もないスッキリとした空間だったのですが、次第にものが増えていき、それが当たり前のようになってしまいましたが、そのようになっても諦めずに、これからものを無くすことを徹底すれば、新築当時の姿に蘇ります。

スッキリ空間のポイントは、玄関、リビング、和室になります。この3つが整然としていると他のダイニングやキッチンにも横展開されます。

キッチンは、ものづくりではものを作る現場であり、ダイニングは作ったものを運んでお客様に出荷する前の出荷場になるでしょうか。ものを作るところには、当然、材料や道具がありますので、玄関、リビング、和室に比べてものが断然多くなりますが、進んでいる工場と同じようにキチンと定位置化すれば整然とした場所になります。

ダイニングも同じであり、家族で使うものをダイニングテーブルに座った時に目線より低く定位置化して、普段はダイニングテーブルの上に何も置かなければ、整然とした場所になります。

12　魅せる家へ

ここまで来たら、きれいになった家を他の人に見せましょう。

ものづくりでは、よく〝見せる工場〟と言い、それを目指して進んでいる工場を見学します。きれいな工場を見て、自分達の工場をきれいにするための参考にするわけです。

家も同じで、他の人の家を見るのも参考になりますし、ハウスメーカーのモデルハウスを見るのも参考になります。そして、他の人にも自分の家を見てもらうのです。そういうことをやっていると、自然にレベルが上がっていくと思います。

我が家でもそうですが、もうとっくにきれいになっているのですが、もっときれいにしようと自然に取り組んでいます。まだ、ものを減らせないか、もっとスッキリできないかなどと片づけは永遠に続きそうです。

ものが減って、部屋がスッキリすると、掃除中に壁などの汚れを発見することがあります。

つまり、掃除から清掃にレベルが上がっているわけです。

車の洗車を自動洗車機ばかりに任せていると車のキズが分からないのと同じように掃除だけならロボットでもできますが、ロボットには清掃はできないのです。掃除ではなく清掃にしないと家の中が良くなっていきません。

片づけもしないで掃除ロボットを買うということは、ものづくりに例えると改善もろくにせずにお金をかけて機械を買うということであり、そんなことをしていると会社が倒産してしまいますね。

徹底的に整理に集中する。その後は整頓する。この2つが出来たら、清掃です。ここまで来ると、他の人に見せられる家になるでしょう。その後は、清潔、躾へと繋がっていきます。

せっかくですので、魅せる家を目指しませんか。

13 玄関のクローゼットに扉は必要か？

片づけが一段落した2ヵ月後に私は次のようなことを考えていました。和室の押し入れの扉は必要ですが、玄関のクローゼットの扉は本当に必要かと。前にも書きましたが、玄関が散らかっている家は、家の中も散らかっています。

逆に玄関がきれいであると家の中も散らかっていません。別の言い方をすれば、玄関を散らからないようにすれば、家の中も散らからないはずですね。

では、玄関を散らからないようにするには、どうすれば良いのでしょうか。例えば、玄関のクローゼットの扉を無くして、中の靴が全部見えるようにすれば良いのです。透明か半透明の扉にしても効果は出ます。扉で中を隠すからクローゼットの中が散らかるのです。扉を外した場合、平らな棚板では面白くないので、棚板に傾斜をつけて、デパートなどの靴売り場のように並べると取りやすいですし、見栄えも良いと思います。扉で隠すのではなく見せるクローゼットです。このようにすると、自然に意識しなくてもクローゼットの中が片づくと思います。

殺風景に見える玄関のアクセントにもなると思いますので、これから家を建てる方やリフォームする方は検討してみてはいかがでしょうか。我が家でも意識しなくても片づく家を目指すために見せるクローゼットを検討したいと思っています。

これから家を建てられる方はベビーカーも入れられるエントランスクロークも選択肢にはありますが、スペースが必要ですし、何れは要らなくなりますのでシンプルに外出に必要な靴やコート、傘だけ収納できれば良いのではないかと思っています。

14　きれいにすると改善すべきところが目につく

リビングと和室をきれいにするためにリビングと和室のものを徹底的に無くしていったら、和室の襖の汚れが目立つようになり、襖紙をホームセンターで買ってきて、自分で貼り替えました。

すると、リビングの開き戸の擦れキズが目立つようになり、ペイントで補修しました。また、重くなっていた開き戸の戸車も交換しました。

今度は、玄関が気になり始めました。玄関の不要物を処分して、下駄箱を塗装し直し、ついでに今まで無かった花も飾りました。殺風景だった玄関が清楚な空間に生まれ変わりました。玄関、リビング、和室がきれいに蘇りました。

今まではお客様を家の中に入れるのに少し抵抗がありましたが、今では少しの時間でも家の中に入ってもらえるようになりました。いつ来て頂いても良いような状態にキープされています。

玄関片づけ後

片づけを始めると次から次へと片づけるべきところが目についてきて、どんどんきれいになっていくのです。

もちろん、掃除も楽になって掃除の時間が短縮されてきれいになります。しかも、住んでいる家族自体の心もきれいになるような気がしています。なぜなら、毎日が朝から気分爽快だからです。全てが良い方向に向かうように思えてきますね。

15 浮いた時間をリビングや和室でくつろぐ時間に充てる

今までのアイテムを実行すると毎日相当な時間が浮いてきます。その時間を趣味などの時間に有効に使いましょう。片づいた家の中でゆっくりとしたひと時を過ごす。幸せだと思いませんか。必要なものだけに囲まれて生活する。充実感がありますね。

一度、一気に片づけると必要なものがどこにあるのかが分かっているので気分が和み、リラックスできて、全てが良い方向に向かいます。ものが無いリビングで外を眺めながら飲むコーヒー。まるで一流ホテルにいるように思えませんか。

リビングと和室の間の仕切りを開ければ、更に何も置いていない大きな空間が目に入り、我が家にいる満足感が漂ってきます。

そのような時間を過ごすためには、やはりものを減らさなければなりません。空いている隙間に収納グッズを利用してきれいに収納しても、結局は目障りなものが増えるだけです。ものを減らしてスッキリとした空間を得るには、収納するもの自体も減らさなければならないのです。

時間は勝手に過ぎていきます。時間は有効に使いたいものです。片づけすることが目的ではありません。片づけは幸せな人生を手に入れる手段ですので、片づけという手段を利用して幸せな人生を手に入れましょう。

何度も言いますが、大切なことは上手に収納することではなく、ものを減らすことです。ものを減らすことによって、素晴らしい人生が待っています。ものを減らすことは特に難しい技術や技能が要るものではありません。

さあ、１日も早く片づけを実行して、幸せな時間を過ごしましょう。

コラム6　第一印象が大切

これは出張中の東北の地方紙の朝刊に載っていた話です。

ある航空会社の客室乗務員が青森県の高校で接客マナー講習会を行いました。「サービス業で一番重要なのは第一印象。第一印象が良ければお客様とのコミュニケーションが取りやすくなる。プロは一瞬で最高の自分を表現しなければならない。身だしなみ、挨拶、表情、言葉遣い、動作の接客五原則が大事」。

私は、「第一印象」は何もサービス業だけではなく、全てのことで言えると考えています。例えば、家です。家の第一印象は、門扉を開けて玄関に来て、玄関のドアを開けて入った時に感じられる印象です。皆さんもパッと見てものすごくキレイな玄関であると、家の中もキレイであると想像し、住んでいる人も清潔感溢れる人ではないかと思ったりしませんか。

三重県と岩手県の工場訪問で二度次のような経験をしました。事務棟に入り、応接室に通される時に事務所の前を通るわけですが、事務所の人全員から挨拶を受けたのです。このようなことは殆ど無く、一度目は大変驚いたものでした。

その工場での打ち合わせがスムーズに進んだのはもちろんですが、その工場で作っている製品も良いものであるという印象を受けたのも覚えています。また、工場内の従業員も事務所の人と同じように向こうから挨拶してくれました。

家の間取りでも同じようなことが言えると思います。人が流れるような間取りであり、その流れに沿ってものが置かれていると、人とものが清々と流れているように感じられます。また、実際にそうであると考えています。

逆にどこかに澱みがあるような間取りは、何かわけありの家のように見えてきます。これも実際にそうであると考えています。何事もパッと見た「第一印象」が肝心だと思います。そのような家づくりを目指していきたいと思います。

第7章　最後に片づけの効果

1　ハード的には家の中が安全で快適なスペースになる

片づけを行うと家の中の不安全要素が無くなって安全な家になります。例えば、階段を掃除する場合に階段にものが置いてあると、ものをどけたり、戻したりしなければなりませんね。

その時に躓いたりして階段から落ちる可能性がありますが、ものが無ければそのような心配がありません。実際に家の中では階段での怪我が多いのです。

また、家の中がスッキリして気分が良くなり、快適なスペースになります。リラックスもできます。その結果、考え事をしていても良いアイディアなどが浮かぶと思います。

片づけを続けると片づけたところがきれいになるので、汚いところが目につくようになります。目につくと自然に片づけるようになります。このように片づけは良いことずくめです。ものづくりでは整理・整頓を行うと安全性が向上し、空きスペースが生まれますので、その場所にリフレッシュルームなどの休憩室も作れて、休憩時の体を休める場所にもなり、休憩後の仕事にやる気が出てきて、生産性向上にも繋がります。

災害は不安全な状態と不安全な動作で発生します。片づけは不安全な状態を除くことができます。また、余分なものが雑然と放置されていると余分な動作が増えます。

それが不安全な動作に繋がります。整然とした家の中にするために不安全な状態と不安全な動作を無くして、安全で快適なスペースを作りましょう。

2　ソフト的には頭の中がスッキリして頭の中の整理・整頓ができるようになる

片づけを行うと、ものを要るものと要らないものに分けるという動作の他に、毎日飛び交う情報も要るものと要らないものに、ものと同じように区別できるようになります。

頭の中のメモリーの容量は人によって違いがありますが、誰にでも限りがあります。無限ではありません。要らない情報を入れておくと必要な情報をいち早く取り出せないばかりか、頭の中がパンクしてしまいますね。それを防ぐための手段が片づけです。

今の世の中は情報戦です。自ら情報を積極的に集めて、それらを自分なりに頭の中で整理して、必要な情報から自分で判断することが大切です。

子供が小さい時から片づけに慣れると、その後の人生に大きく影響すると思っています。今後、大学入試制度が変わると報道されています。大きく言いますと暗記中心から考えることが中心になるようです。子供の時からの片づけによって、自分の頭で考えて判断する力が導き出せると思います。片づけは、そのトレーニングにもなると思っています。私が提唱するお金がかからないこんな良いトレーニングは無いと思いますが、いかがでしょうか。

3　そして、時間が短縮できる

片づけの良いところは効果が目に見えるということですね。色々なムダな時間が短縮できます。やればやるほど見えてきます。効果が見えるとますますやるようになります。

ものを減らすだけでも相当な効果が出ますが、整頓を徹底して行動動線を考えて、ものを配置すると更に効果が出ます。日々の生活で自然に必要な場所にものを配置するようになってきます。

特に掃除は半分ぐらいの時間で済みます。私が自分で掃除をやって分かったのですが、実は掃除と言うのは掃除の時間そのものは短くて、何に時間がかかるのかと言いますと掃除するためにものをどける時間、ものを戻す動作に時間がかかっているのです。

つまり、本来のきれいにする時間よりも、他の時間の方がかかっています。これだと掃除と言いながら何をしているのか分かりませんね。皆さんの家ではどうでしょうか。

最近の流行の掃除ロボットを買ってもロボットはものをどけて掃除して戻してくれませんので、見える所しかきれいになりませんね。しかも、ロボットには汚れなどの問題点を教えてくれません。

問題点の指摘は別にして、ロボットを買って効果があるのは、片づけを徹底してやって要らないものを無くしてからになります。ものづくりと同じように改善をやり尽くしてから、お金をかけることです。

しかし、片づけてからロボットを買って部屋をきれいにしても、汚れなどの問題点の原因を追究して改善していくプロセスがありませんので、5Sの3番目のSの清掃にはなりません。つまり、掃除だけになってしまいますので、皆さんはそんなものにお金を出したいと思いますか。

他には、これも毎日のルーチン作業である洗濯と料理の時間が短縮できます。実際に片づけ後の洗濯と料理にかかる時間がものすごく減りました。もちろん、料理の質は変わっていません。両方とも半分ぐらいの時間で済んでいます。

つまり、毎日のルーチン作業である掃除、洗濯、料理の時間が半分ぐらいになっているのです。ポイントは、もう皆さんご存知のように整理・整頓であり、ものを減らす、行動動線を考えた定位置化、使用頻度を考えた定位置化、最短動作の定作業化などですね。

片づけ後、妻は毎日１時間ぐらい余裕ができてテニス以外に編み物などをやっています。片づけを徹底すると確実に時間に現れてきます。心の余裕も出てきます。

ものづくりでは、ものが少なくなると、ものの積み替えや運搬や歩行や探したり選んだりする動作が無くなります。ものを管理する時間も無くなります。ものを置くためのスペースも要りません。したがって、余分な経費がかからなくなり、会社の収益が向上します。

家庭でも、ものが少なくなると時間が短縮できて、余分な出費が要らなくなり、浮いたお金を貯金や趣味などに使うことができます。

4　楽しい毎日を送れるようになってモチベーションがアップする

安全で快適なスペースになって、頭の中がスッキリして、時間が短縮できるので毎日が楽しい日々を送れるようになります。当然、やる気が出てきますので、モチベーションが上がります。

今日も仕事に頑張るぞ、今日も勉強頑張る、今日も運動頑張るわというようになります。もちろん、挨拶もキチンとできるようになります。

私が改善指導した青森県の工場では、ＳＤカードを手作業で組み立てていました。ＳＤカードは大きく上ケース、下ケース、書き込み防止スイッチ、中に入る基板の4つの部品で構成されていますが、１㎜ほどの大きさしかない書き込み防止スイッチも人の指先の感覚で向きを揃えて1個ずつ組み立てていました。

殆どがパートタイマーの女性社員でしたが、毎日のように改善アイテムが上がってきて、それを実行しながら作業を続けていきました。徐々に生産性が上がっていき、最終的には約3・5倍の生産性アップに繋がり、海外との熾烈な競争に打ち勝ち、生き残りました。

彼女達は上からやらされているのではなく、自ら進んで改善を実行して会社の生き残りに多大な貢献をしました。これが上からやらされて仕方なく毎日作業していても、こんなに生産性は上がらなかったと思います。毎日元気な挨拶で素晴らしいコミュニケーションがあったと記憶しています。

つまり、楽しい毎日を送れるようになって、モチベーションがアップしたのです。

5　モチベーションがアップすると毎日の行動が変わる

モチベーションが上がると気持ちも変わりますので、それに伴い行動が変わります。時間にゆとりができますので毎朝の出勤や通学時の家を出る時間も早くなり、例えば早く会社に着いて前日の夜に届いているメールも業務スタート時間前に見られるようになり、朝から前日の仕事をしなくても良くなり、業務スタート時間からその日の仕事ができるようになります。したがって、他の人との差別化ができますね。

学校でも早めに予習ができるようになったり、運動の朝練でも時間にゆとりができるので、心構えもできて良い練習ができるようになると思います。

気分的にも明るくなるので雰囲気も明るくなり、周りに良い印象を与えます。

日常生活で私達は「愚痴を言う」、「言い訳をする」、「人の悪口を言う」など余計な言葉を出してしまうことがあります。これらの言葉は「〇〇が駄目だから・・・」と自分のことは棚に上げて他人のせいにする類のものです。

これらを口に出すと自己の向上や成長が止まります。マイナスの言葉によって、いつしか自らが持っている能力や長所が削がれていくものです。また、周囲から嫌われる存在にもなってしまいます。

逆に成長している人は「自分のどこがいけなかったのだろうか」と自己の反省点を探し出す努力をしています。このタイプの人は人間関係を円滑にさせ、周りの協力を得やすくしていきます。

モチベーションが上がるとプラスの言葉を使うようになります。次第にその威力が発揮され、家族や周囲の人達に好影響をもたらします。

6　毎日の行動が変わると結果が変わる（給料アップ、成績アップ）

行動の結果が当然、仕事や学業の結果に繋がります。会社では査定アップで給料アップ、学校では成績アップで希望の学校にも入れるようになるのではないでしょうか。

そうなると、皆さんは「夫と子供達の小遣いをそろそろ上げようか」と考えると思います。その結果、それが更にモチベーションアップに繋がり、更に給料アップや成績アップに繋がって、更に良い方向に導かれると思いませんか。結局は、片づけを徹底することによって人が育つということになりますね。

更に、良いコミュニケーションづくりができますので、何でも話し合える家庭になり、人と話をするのが楽しくなると思います。

家庭内でも悪い情報を伝えるというのは、勇気がいることです。だからと言って、悪い情報を隠し、自分で何とかしようとするのは、事態を更に悪化させるだけです。

大切なのは、悪い情報を話しやすい家庭をいかに作り上げるかです。悪い情報が責任追及だけをもたらすものであれば、誰も悪い情報など伝えようとはしません。責任追及と原因追求は別と考えましょう。

ある企業のＴＯＰは悪い情報を持ってきた部下に「ありがとう」ということで、情報が素早く正確に集まる風土づくりに成功しました。悪い情報には組織を変えていくヒントが沢山含まれています。強い組織、健全な組織づくりのためには、これもまた必要なことと言えます。

このように家族で片づけを徹底すると個人だけではなく、家族全体に良い影響を及ぼしますので、つまり家族が幸せになります。

7　一流ホテルのようなリビングと和室が手に入る

ここまで来ますと、目標であった一流ホテルのようなリビングと和室が手に入ると思います。玄関もきれいになって、家族の他にお客様も玄関を通り、リビング、和室に通されると、落ち着いた空間にきっとご満足されるでしょう。心も和み、穏やかな会話が始まるものと推察します。

人の心は佇まいによっても良いようにも悪いようにも変わってしまいます。落ち着いた場所にいると落ち着いた気分になり、自然に良い考えも浮かんでくるものです。

子供の教育にも良いでしょう。穏やかな家庭で育つと穏やかな心になり、それが自然に表情に表れます。勉強や運動にも一生懸命になるだろうし、挨拶などを進んでできる子供になるでしょう。

雰囲気というのは非常に大切であり、会社生活や自分の運動、小学生の運動指導で経験していますが、雰囲気が良いと会社全体やチーム全体が良い方向に向かうのは間違いありません。逆に雰囲気が悪いと悪い方向に向かいがちになります。

片づけで家の中の雰囲気が良くなれば、きっと家族全体が良い方向に向かいます。片づけの維持・向上に努め、更に良い家庭環境を築いていきたいものですね。

8　最後はこの本のおさらい

最後にこの本のおさらいをしましょう。

この本の主な内容を記載しますので、もう一度確認して下さい。
①お金をかけずに一流ホテルの部屋を手に入れること。

一流ホテルの部屋を手に入れるには、徹底的にものを減らすことです。そして、玄関、リビング、和室をスッキリ見せることです。スッキリ見せるコツは、ものが多いキッチン、ダイニングをリビング、和室と間仕切りや階段、段差などで分けることです。

ものづくりの会社に例えますと、家の玄関はロビー、リビングや和室は応接室や会議室、キッチンやダイニングは製造現場という風になるでしょう。

玄関、リビング、和室は、収納家具を減らすのではなく、無くすことです。収納家具でスッキリ見せようとすると、統一感が無いインテリアになり、落ち着かない部屋になります。

②家事を時間短縮すること。

家事を時間短縮するには、ものを減らす、行動動線や使用頻度を考えた定位置化、最短動作の定作業化などです。定位置化は高さも大切です。

そして、見える化がポイントです。家事は毎日の大切な仕事ですので、楽な家事、楽しい家事を目指しましょう。

③子供を育てること。

子供を育てるには、親が手本を見せることです。そして、子供と一緒に考えたり、作ったりすることです。見えない押し入れなどは、段ボール箱などを使ってお子さんと一緒にもの入れを作るとお子さんの片づけや教育にも良いです。

小さいお子さんがいらっしゃる家はオモチャ箱も段ボール箱で作ってみましょう。要は、簡単にお金で解決しようとしないで、「知恵」を出しましょう。

そして、お掃除の時に見つけた汚れなどの問題点を改善する清掃ですね。

後は、清潔さを保って、躾けるです。

５Ｓ（整理・整頓・清掃・清潔・躾）の中で最も大切な「整理」を徹底的にやりましょう。その次に大切なのは、「整頓」です。この２つが非常に大切ですので手を抜かないようにやりましょう。

コラム７　やる気を出させるには？（モチベーションアップさせるには？）

モチベーションを上げさせる、やる気を出させるには、やはり上げさせる、やる気を出させる側の人間のモチベーションが上がっていないと（上げる努力をしていないと）受け取る側のモチベーションは上がりませんね。

子供を指導する立場にある親は、まず自分達のモチベーションを上げる努力をしていないとダメ（常にやる気のある状態にしておかないとダメ）です。自分がやる気が無いのに自分の子供は指導できません（ついてきません）。

ある食品メーカーは合理性や効率より社員が気持ち良く働ける環境を優先しました。大切なのは社員のモチベーションなので、まず社員が十分満足できるような給料を払わないといけないし、職場も快適にしないといけないと言っています。

良い会社とは、その会社から外に出るお金をできるだけ減らして、会社内でできるだけお金を使う会社です。社員の給料を減らして、利益を出すなんてことを考えてはいけませんね。そんな会社は維持・継続できないと思います。社員にはできるだけ給料を払うようにします。そうすると社員のモチベーションが上がって、良い仕事をするようになります。

退社前の会社では月単位での利益を社員全員に還元していました。超優良会社です。

これを家庭に当てはめますと家計のやり繰りで外に出るお金を抑えて、毎月のプラス分を貯金だけではなく、家族全員の小遣いに還元するのはいかがでしょうか。モチベーションが上がって、ご主人の給料アップやお子さんの成績アップに繋がるのではないでしょうか。

おわりに

この本を最後まで読んでくださってありがとうございました。皆さんの家では、もう片づけをスタートされましたか。

私達夫婦は一昨年の12月中旬から始めて昨年の2月初めまでの約1ヵ月半強（約50日）かかって家中を片づけました。見違えるほどスッキリしました。その結果、毎日有意義な時間を送っています。

妻の〝一流ホテルのようにリビングと和室をきれいにしたい〟という一言から片づけを始め、途中で襖も自分で貼り替え、最後の畳表の貼り替えは中学校の同級生のH君に頼んで完成したのが昨年の2月中旬になりますので、約2ヵ月で〝一流ホテルのようなリビングと和室〟を完成させることができました。

1週間に1回ですと1年かかる計算ですが、2回なら半年です。やはり連休などを利用して半年ぐらいで終わらせることが、効果が早く出て良いと思います。とにかく、目に見えた効果が出ないと、やる気も出てきませんので片づけはできるだけ一気にやりましょう。

この本の中でも書いていますが、片づけは目的ではありません。幸せな人生をつかむための手段であり、家族が幸せになる手段です。それを分かって頂くために片づけのエッセンスを記載しました。

最近は、テレビでもものづくりの番組が増えていますし、親子工場見学なども開催されています。ものがどのように作られているのかに興味があるのだと思います。

私は、ものづくりのプロですので家庭生活とものづくりを対比させて記載している所も多いです。家の中のものが、どういう風に作られているのかの参考になると思いますし、それを考えたり、知識として持っていると楽しいと思います。

一昨年の10月末に退社してから、今まで妻が毎日やっていた家事を一緒に手伝いました。毎日洗濯もしましたし、掃除もしましたし、食器洗いも行いました。今までゴミ集積場に行ったことも無かったのですが、進んで捨てに行くようになりました。

そこで、家事の大変さを知り、更に家事の効率化が必要であることを悟ったのです。次第にものづくりの改善の経験から家事の効率化を考えるようになっていきました。

今度、家を建てるのなら、もう少し改善できるなと考えています。有意義な時間を作るために家事は必要最小限の時間で済ませることに尽きると思います。そのためのベースになるのが片づけです。

とにかく、片づけの極意は祭りや選挙と同じく一気にやって、パッと終わることです。残された時間を有意義に使うために、この本を読まれた皆さんは一日も早く片づけをスタートしましょう。一気にやってしまうと、リバウンドするどころか、かえってものを減らそうという気持ちが働き、更に減るようになります。

一度片づけてしまうと、ものを減らすのが楽しくなって、もっと減らそうとします。買う気がしなくなるのです。したがって、ますますものが減って暮らしやすくなります。

これから家を建てる方は家族全員で家事をやってみると良いと思います。家事の大変さが分かり、時間短縮のための間取りなどを考えるようになると思います。この本を読まれている皆さんは家族にぜひ勧めてみて下さい。きっと良い結果が得られると思います。

最後に言いますが、片づけで一番大切なことは「要らないものを除くこと」です。これができないと、いくらきれいに収納してみても、全く効果が得られません。「収納」という言葉に流されないようにしましょう。「収納」に走ると「収納ごっこ」になりがちです。

この本では余り「整理」については詳しく記載していませんが、「整理」が最も重要なことを忘れないで下さい。

片づけは一度やってしまって、そのまま継続すれば終わりではありません。もっと良い定位置があれば、改善していきましょう。更にレベルアップすると思います。

私は、ものづくりでは「改善に終わりなし」と言い続けていますが、片づけも同じように「片づけに終わりなし」と言いたいと思います。なぜなら、改善と同じように片づけも奥が深いからです。そのため、面白いものだと思い始めました。

この本は、妻の「一流ホテルのようなリビングと和室にしたい」という一言がなければ、書き上げることは無かったと思います。そういう意味では、偶然でき上がった本でもありますが、この本が片づけに悩む皆さんに少しでもお役に立てることを願っています。

最後になりましたが、出版に当たり株式会社栄光出版社の石澤三郎様には大変お世話になりました。ここに深く感謝申し上げます。

辻 博文
辻 友美子

『参考文献』

◆「ものづくりの改善がものすごく進む本」 辻 博文著 明日香出版社

家庭の5Sチェックシート

評価基準　◎：よその家の手本となる高いレベル（2点）
　　　　　○：実施できているレベル（1点）
　　　　　×：改善が必要なレベル（0点）

整理		評価	合計	課題・改善結果
1	要らないものが置かれていないか？			
2	置かれているものは誰が見ても状態がすぐにわかるか？			
3	誰のものかわからないものが放置されていないか？			
4	要らなくなった新聞紙などの一時置き場が確保されているか？			
5	ゴミや再生紙などを最短で廃棄しているか？			
6	要らなくなったものはできるだけ捨てずに売ることを考えているか？			
整頓		評価	合計	課題・改善結果
1	扉の前や分電盤の前にものが置かれていないか？			
2	ものがテーブルなどの上に放置されていないか？			
3	調理器具などが使いやすい場所に保管されているか？			
4	食材などが混在して保管されていないか？			
5	人が通るところは安全が確保されているか？			
6	床に直置きされているものはないか？			
7	保管されているものはすぐに見つけられるか？			
8	食材などすぐに使わないものが溜まっていないか？			
清掃		評価	合計	課題・改善結果
1	床にゴミが落ちていないか？			
2	床に水などがこぼれていないか？			
3	テーブルなどの上にホコリが積もっていないか？			
4	食器や食材などを載せるものが汚れていないか？			
5	掃除道具が決められた場所に保管されているか？			
6	ゴミの分別はできているか？			
7	窓や扉の開け閉めルールがあり、換気と汚れ防止がはかられているか？			
8	整理・整頓する前に安易に掃除家電などを購入していないか？			
清潔		評価	合計	課題・改善結果
1	タオルなどの交換ルールがあり、きれいな状態を維持しているか？			
2	家族全員が使用するトイレはきれいに保たれているか？			
3	照明器具は切れておらず、明るさが保たれているか？			
4	照明器具のカバーの中に虫などが入っていないか？			
5	床や壁や天井に穴が開いたり、剥がれている箇所はないか？			
6	シンクに食器や鍋などが残っていないか？			
7	ポスターや飾りものなどが汚れていたり、色あせていないか？			
8	掃除する日を予め家族全員に伝えてあるか？			
躾		評価	合計	課題・改善結果
1	気持ちの良い挨拶ができているか？			
2	来客にはきびきびと対応しているか？			
3	家族全員で決めたルールが守られているか？			
4	お母さんが自ら率先して5Sを実行しているか？			
5	家の中だけではなく、敷地や周囲にゴミが落ちていないか？			
6	家族で5Sの状態や課題を共有できているか？			
	総合計			判定

判定基準
A：60点以上　よその家が指導できるレベル
B：40点以上　自宅の5Sができているレベル
C：30点以上　あと少しのレベル
D：20点以上　相当改善が必要なレベル
E：19点以下　家庭の5Sの再勉強が必要なレベル

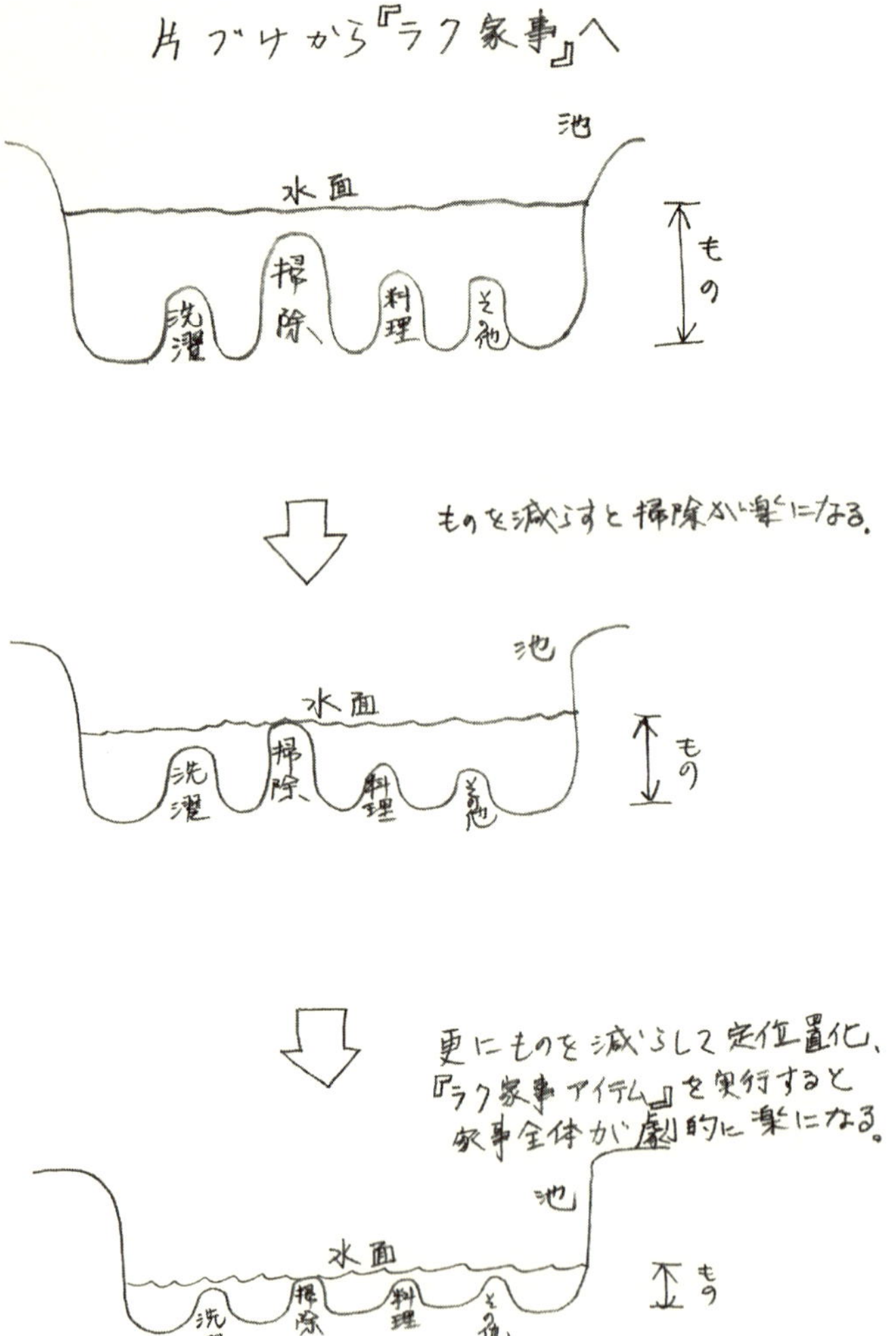
片づけから『ラク家事』へ
池
水面
もの
洗濯
掃除
料理
その他
ものを減らすと掃除が楽になる。
池
水面
もの
洗濯
掃除
料理
その他
更にものを減らして定位置化、
『ラク家事アイテム』を実行すると
家事全体が劇的に楽になる。
池
水面
もの
洗濯
掃除
料理
その他

◆著者略歴

辻　博文：

三重県鈴鹿市出身。東京芝浦電気株式会社（現株式会社東芝）に入社以来ものづくりの仕事に関わっており、産業用ロボットや産業用モーター、成長著しい半導体などに携わり、一貫してものづくりの生産性向上を追及してきた。株式会社東芝退社後は自動車用大型金型を生産・販売している株式会社明和製作所に入社し、生産革新推進室長として同社の経営変革に当たった。株式会社明和製作所退社後はものづくりで培った2S（整理・整頓）や改善内容を家の片づけや家事に展開して家事の生産性向上を追及してきた。現在は今までの経験を活かして企業の経営支援や小中学生のものづくり支援活動を行っている。明日香出版社から出版した「ものづくりの改善がものすごく進む本」の著書がある。現在、四日市市企業OB人材センターアドバイザー。

辻　友美子：

三重県四日市市出身。東京芝浦電気株式会社（現株式会社東芝）に入社後は受付業務に携わり、その中でお客様への接客を学んだ。同時に湯茶などの接待や業務の効率化を進めた。多くのお客様が一度に訪れることがたびたびあるので業務の効率化は最重要課題であった。株式会社東芝退社後は趣味のテニスの時間を作るために家事の時間短縮を精力的に努め、キッチンやダイニング、リビングなどのレイアウト変更を始め、料理、洗濯、掃除などの毎日の煩わしい家事のルーチン作業の効率化を進めている。

自宅が一流ホテルに大変身！

平成29年4月20日　第1刷発行

著　者　辻《つじ》　博《ひろ》文《ふみ》
　　　　辻《つじ》　友《ゆ》美《み》子《こ》

発行者　石澤　三郎

発行所　株式会社　栄光出版社

〒140-0002　東京都品川区東品川1の37の5

電話　03（3471）1235

FAX　03（3471）1237

検印省略

印刷・製本　モリモト印刷㈱

ISBN 978-4-7541-0158-9